Walter Rebell

Paulus und Thekla

Walter Rebell

Paulus und Thekla

Roman

Fromm Verlag

Imprint
Any brand names and product names mentioned in this book are subject to trademark, brand or patent protection and are trademarks or registered trademarks of their respective holders. The use of brand names, product names, common names, trade names, product descriptions etc. even without a particular marking in this work is in no way to be construed to mean that such names may be regarded as unrestricted in respect of trademark and brand protection legislation and could thus be used by anyone.

Cover image: www.ingimage.com

Publisher:
Fromm Verlag
is a trademark of
International Book Market Service Ltd., member of OmniScriptum Publishing Group
17 Meldrum Street, Beau Bassin 71504, Mauritius
Printed at: see last page
ISBN: 978-613-8-37280-6

CHRISTA G. MEINTE HINTERHER, an der Stelle, wo das Mündungsfeuer aufgeblitzt war, eine Gestalt gesehen zu haben. Einen korpulenten Mann. Dem Mündungsfeuer war ein peitschenartiger Knall gefolgt – aus dem dämmrigen Wald, der fünfzehn Meter hinter dem Haus begann, war auf Christa G. geschossen worden. Sie hatte vor dem Fenster am Schreibtisch gesessen und nach draußen geschaut. Die Kugel brachte die Scheibe zum Zersplittern und ging einen Meter rechts an Christa G. vorbei. Sie schlug in die Bücherwand ein. Sie bohrte sich in Band 3 des Literaturlexikons.

Mündungsfeuer, peitschenartiger Knall, Literaturlexikon …

An einem trüben Herbstabend hatte Christa G., 54, Professorin für Neues Testament an der Theologischen Fakultät der Universität Neuenburg, Westschweiz, über ihrem Manuskript «Paulus und Thekla» gebrütet. Sie wollte den Paulus-Thekla-Stoff in einen Roman umsetzen, und insbesondere war sie an Thekla interessiert. Als feministische Theologin wollte Christa G. in das Urchristentum eine starke Frauengestalt einbringen, eben Thekla. Christa G.s Eigentumswohnung, erst vor einigen Wochen erworben und bezogen, lag ebenerdig und unmittelbar am Wald. Was für eine Ruhe zum Arbeiten, zum Schreiben! Wenn Christa G. nachdenken wollte, hob sie den Blick von den Büchern oder vom Manuskript und schaute auf die grüne Front von Bäumen und Büschen. Zwischen dem Wald und dem Gebäude mit den Eigentumswohnungen waren fünfzehn Meter Wiese, dort ästen manchmal Rehe, besonders am Abend. Christa G. zog niemals die Gardinen vor das Fenster ihres Arbeitszimmers, auch am Abend nicht, und schon gar nicht ließ sie die Außenstore herab; sie wollte von dem Wald und von dem Wiesenstreifen nicht abgetrennt sein. Aber so, liebe Christa G., botest du dem Schützen am Waldrand ein ideales Ziel! Die Schreibtischlampe erleuchtete dich, erleuchtete das ganze Arbeitszimmer, erleuchtete die Bücherwand hinter dir. Der Schütze hätte dich erschießen können; Treffer in der Stirn oder in der Brust, und du wärst sofort tot gewesen. Aber der Schütze schoss einen Meter daneben; das muss Absicht gewesen sein, denn mit einer Pistole trifft man auf fünfzehn Meter noch ziemlich genau.

Wenn ein Buch statt einer Frau getroffen wird …

Die Frau wirft sich auf den Boden ihres mit Büchern vollgestopften Arbeitszimmers. Es könnte ja ein zweiter Schuss folgen, ein präziser, auf sie gerichtet. Am Boden kroch Christa G. Richtung Tür, die stand immer auf. Christa G., frisch geschieden, wohnte allein, niemand konnte sie stören, weshalb dann

Türen schließen? Offene Tür, ein Vorteil, Christa G. brauchte sich nicht zum Türöffnen aufzurichten, in halbhohe Position, brauchte dem Schützen, falls er noch da stand, nicht ihren Hinterkopf als Ziel darzubieten. Sie kroch weiter, kroch den Flur entlang, obwohl sie sich hier bereits hätte erheben können, aber das tat sie erst im Wohnzimmer. Und auch dort erst vor dem Telefon.

«Ein 9mm-Projektil», sagte der Polizist und sah die Kugel, die er aus dem zerfetzten Literaturlexikon geklaubt hatte, prüfend an. «In der Schweiz ist die bekannteste 9mm-Pistole die SIG, die Ordonnanzpistole der Schweizerischen Armee. Aber es könnte natürlich auch mit einer Beretta geschossen worden sein, wie sie die Mafia benutzt. Alle Mafia-Morde in Neapel werden mit einer Beretta ausgeführt, eine andere Pistole wäre eines Mafioso unwürdig.»

Der Polizist erklärte, aber hörte Christa G. überhaupt zu? Schaute sie sich die Kugel an, die der Polizist in der Hand hielt? Nein, ihr Blick war auf das zerfetzte Literaturlexikon gerichtet, das auf dem Schreibtisch lag. Band 3, Braak, Ivo bis Cixous, Hélène: unbrauchbar gemacht durch einen Pistolenschuss. Würde man den Band nachkaufen können? Könnte man eventuell auch ohne Ivo Braak und Hélène Cixous leben? Im Literaturlexikon, 20-bändig, sah man ohnehin selten nach – obwohl dort auch manches theologische Werk besprochen war. Schlimmer wäre es gewesen, wenn die Kugel das Buch Hennecke/Scheemelcher, Neutestamentliche Apokryphen, Band 2 zerstört hätte; dort war nämlich in kommentierter Übersetzung der Paulus-Thekla-Stoff zu finden.

«Hören Sie mir überhaupt zu?», fragte der Polizist Christa G. «Oh, entschuldigen Sie», sagte sie, und jetzt tat sie es: zuhören. «Der Schütze wollte Sie nicht töten», sagte der Polizist, «sondern nur verängstigen oder warnen. Er hat bewusst danebengeschossen.»

Christa G.: «Verängstigen oder warnen? Weshalb verängstigen oder wovor warnen?»

Der Polizist: «Das weiß ich nicht, das können nur Sie wissen. Denken Sie nach: Was ist in Ihrem Leben in der letzten Zeit an Dramatischem passiert? Oder mit welcher zwielichtigen Person hatten Sie Kontakt?»

In Christa G.s Leben war in der letzten Zeit nichts Dramatisches passiert und sie hatte auch keinen Kontakt mit einer zwielichtigen Person gehabt. Sie führte ein ruhiges Leben als Universitätsprofessorin, das ganz der Wissenschaft und den Studentinnen und Studenten gewidmet war. Hin und wieder Teilnahme an einem theologischen Kongress, das war alles.

Freizeitaktivitäten?

Etwas Sport, Joggen im Wald. Im Sommer Schwimmen im See, im Winter Skilanglauf im Jura. Alle zwei Wochen ein Besuch beim Sohn und seiner Familie in der Ostschweiz. «Zwei Enkelkinder habe ich, zwei prächtige Buben», erzählte sie stolz dem Polizisten.

Prächtige Buben brachten die Aufklärung der Sache nicht weiter. «Ich möchte», sagte der Polizist, «dass Sie Ihr Leben der letzten zwei Jahre genau durchgehen und nach Anhaltspunkten suchen. Das geht heute Abend nicht mehr,

Sie sind zu sehr von dem Geschehen gezeichnet. Nehmen Sie eine Schlaftablette, damit Sie die Nacht über nicht endlos grübeln, und morgen denken Sie dann systematisch nach und machen sich Notizen. Mit denen kommen Sie zu mir aufs Kommissariat.»

Während Polizist und Professorin im Arbeitszimmer am Schreibtisch gestanden und sich unterhalten hatten, war der Wald, aus dem geschossen worden war, von mehreren Polizisten, die mit Taschenlampen ausgerüstet waren, durchkämmt worden. Die Polizei war mit einem Mannschaftswagen angerückt, aus dem mindestens zehn Beamte geklettert waren. Auch zwei Hunde waren herausgesprungen. Aber weder die Beamten noch die Hunde fanden irgendetwas Verdächtiges. «Wir brechen die Suche ab!», rief nach einer halben Stunde der Einsatzleiter in Richtung zerschossenes, zersplittertes Arbeitszimmerfenster. «In Ordnung!», rief der Polizist, der mit Christa G. gesprochen hatte, zurück. Und zu der Frau sagte er: «Lassen Sie die Außenstore herab. Halten Sie sie die ganze nächste Zeit geschlossen, auch am Tage. Übrigens: Beziehen Sie in Ihr Nachdenken, von dem ich gesprochen habe, auch Ihre Arbeitsprojekte ein. Womit beschäftigen Sie sich zurzeit? Vielleicht gibt das einen Anhaltspunkt.»

Christa G. wies auf den Schreibtisch, der überladen war mit Büchern und Papieren. «Ich will einen Roman mit dem Titel *Paulus und Thekla* schreiben», sagte sie.

«Nehmen Sie eine Schlaftablette ...» Aber was tut man, wenn man keine hat? Man macht sich einen Baldriantee; der befördert einen auch in den Schlaf, aber nicht in einen Tiefschlaf, sondern nur in einen oberflächlichen, in dem man sich hin und her wälzt. In so einem Schlaf kann es passieren, dass man wieder am Schreibtisch sitzt, wieder in abendlicher Dämmerung, wieder im Licht der Schreibtischlampe, wieder ohne zugezogene Gardinen und ohne heruntergelassene Außenstore. Wieder ist man ein ideales Ziel für einen Pistolenschützen, der jedoch wieder einen Meter rechts an einem vorbeischießt.

Aber etwas ist anders.

Einen Meter rechts von Christa G., mit am Schreibtisch, saß Thekla. Und *die* wurde getroffen. In die Stirn. Sie fiel röchelnd zu Boden.

Christa G., eine starke Frau wie Thekla, eine Frau, die sich nicht einschüchtern lässt, auch nicht durch einen Pistolenschuss, öffnete das zersplitterte Fenster und rief in das Dunkel des Waldes hinein: «Warum hast du das getan? Ein Mörder bist du!»

Vom Waldrand tönte es zurück: «Starke Frauen haben im Urchristentum nichts zu suchen. Paulus will, dass Frauen in der Gemeinde schweigen. Ihm in einem Roman eine Frau an die Seite zu stellen, das ist ein Frevel.»

«Frevel, Frevel», hämmerte es in Christa G.s Kopf, und mit diesem Wort wachte sie auf. Es war noch mitten in der Nacht.

Frevel – wo hatte Christa G. neulich dieses Wort gelesen, und zwar mit Bezug auf sie selber? – Natürlich, der Brief, dieser Warnbrief! Christa G. musste ihn noch einmal lesen, und zwar sofort. Nicht im Arbeitszimmer, natürlich nicht. Sondern im geschützten Wohnzimmer.

Sehr geehrte Frau G.,

als feministische Theologin sind Sie eine krasse Fehlbesetzung an der Theologischen Fakultät der Universität Neuenburg. Wir haben bisher Ihrem Treiben stillschweigend zugeschaut, aber nun überschreiten Sie eine Grenze. An sich ist es schon zu viel, dass Sie eine Vorlesung über die neutestamentlichen Apokryphen anbieten. Was haben unsere Studentinnen und Studenten davon? Das Neue Testament sollen sie kennenlernen, aber nicht, was später an legendarischem Stoff entstanden ist. Aber wenn Sie unbedingt wollen: Halten Sie Ihre Apokryphen-Vorlesung, die tolerieren wir noch. Sie haben den Studentinnen und Studenten jedoch erzählt, dass Sie einen Roman über Paulus und Thekla in Arbeit haben. Zunächst einmal: Es ist nicht Aufgabe eines Theologieprofessors oder einer Theologieprofessorin, Romane zu schreiben. Dafür wird er/sie nicht bezahlt und das lenkt von der eigentlichen Aufgabe ab. Und dann das Thema! An der Seite des Paulus war keine Frau, und dort gehört auch keine hin, wir erinnern Sie an 1 Korinther 7. Mit Thekla verbinden Sie offensichtlich Frauenemanzipation, und diese ins Urchristentum einzutragen, bezeichnen wir als Frevel. Das läuft bibeltreuem Christsein zuwider. Also mahnen wir Sie, ja warnen wir Sie: Lassen Sie von dem Romanprojekt ab. Was wir Ihnen von Herzen wünschen, ist eine Bekehrung zu unserem auferstandenen Herrn Jesus Christus! Begeben Sie sich auf den rechten Weg! Noch ist es nicht zu spät!

Keine Absenderangabe. Und der Poststempel? Kein Poststempel, der Brief war persönlich in Christa G.s Briefkasten gesteckt worden. Vor drei Wochen.

AUS DER APOKRYPHEN-VORLESUNG VON CHRISTA G.:

Im Studium der Theologie spielt das außerneutestamentliche urchristliche Schrifttum eine geringe Rolle, ganz im Gegensatz zum Wissenschaftsbetrieb, wo es ständig herangezogen wird. So ergibt sich für die Studierenden eine unbefriedigende Situation: Im Lehrbetrieb wird ihnen die Kenntnis des außerneutestamentlichen urchristlichen Schrifttums nur unzureichend vermittelt, bei der eigenen Beschäftigung mit der theologischen Literatur wird aber ein Wissen um dieses Schrifttum vorausgesetzt, und das zu Recht: Eine geschichtliche Betrachtung des Urchristentums darf nicht an den Grenzen des Neuen Testaments haltmachen; viele weitere Schriften, die während der Abfassungszeit der neutestamentlichen Schriften oder etwas später entstanden sind und die man «Apokryphen» nennt, müssen mitberücksichtigt werden.

Hier nun setze ich mit meiner Vorlesung ein. Ich möchte Ihnen ein Basiswissen der Schriften außerhalb des neutestamentlichen Kanons vermitteln. Zur Auffrischung: «Kanon» heißt «Regel, Richtschnur», und in unserem Zusammenhang meint Kanon die Sammlung der autoritativen Schriften des Urchristentums. Der «neutestamentliche Kanon» ist also schlicht und einfach das Neue Testament. Außerhalb des Neuen Testaments stehen dann die außerkanonischen urchristlichen Schriften, die Apokryphen – und um die geht es uns. Noch eine Worterklärung: «Apokryphen» kommt von griechisch *apokryphos* verborgen, geheim. Die Apokryphen waren demgemäß Geheimschriften, was aber historisch nicht ganz stimmt – sie hatten durchaus eine weite Verbreitung.

Basiswissen, hatte ich gesagt; mehr kann ich Ihnen in dieser Vorlesung nicht vermitteln. Und doch steigen wir an einer Stelle tiefer ein, und zwar bei den apokryphen Apostelgeschichten. Ja, Sie haben richtig gehört, es gibt nicht nur die Apostelgeschichte, die wir im Neuen Testament haben, die des Lukas, es gibt auch andere. Sie werden meist mit dem wissenschaftlichen Begriff *Akten* bezeichnet: Petrusakten, Paulusakten, Andreasakten und weitere. Akten kommt von lateinisch acta, Taten; es werden also in diesen Schriften die Taten des Petrus, des Paulus, des Andreas und anderer erzählt. In den Paulusakten nun findet sich ein ganz besonderer Erzählstrang: Paulus wird eine Frau zur Seite gestellt, Thekla. Darüber werde ich in dieser Vorlesung ausführlich sprechen, seien Sie gespannt. Kurz andeuten möchte hier bereits, dass ich über das Thema «Paulus und Thekla» eine Veröffentlichung plane.

Warum Beschäftigung mit den neutestamentlichen Apokryphen? – Man sollte auch die religiösen Aussagen zur Kenntnis nehmen, die im frühen Christentum außerhalb der orthodoxen Bahnen gemacht wurden. Was sagt das außerkanonische Material zum Gelingen und Scheitern von Glaubensexistenz und damit zum Gelingen und Scheitern von Leben? Wie wird hier versucht, Absurdität und Zynismus der Wirklichkeit zu überwinden? Wie wird hier versucht, personale und soziale Identität aufzubauen und durchzuhalten? Auf welche Irrwege begab man sich dabei, sodass man – ungeschickt oder verblendet – Lebensmöglichkeiten zuschüttete, etwa durch Gesetzlichkeit, anstatt sie zu eröffnen? Oder umgekehrt: Werden Antworten auf das menschliche Dilemma gegeben, die den orthodox-christlichen Antworten ebenbürtig oder gar überlegen sind? Vielleicht muss man aber gerade bei den faszinierenden Antworten besonders aufpassen, weil sie Giftblüten sein können, weil sie Glaubensexistenz autistisch und geschichtslos machen – ich denke hier an christlich-gnostische Texte.

Wenn Christa G. so sprach, versprühte sie Leidenschaft; sie ging ganz im Stoff auf, und sie zog die Studierenden mit. Die Wangen dieser Professorin waren gerötet, sie sprach ohne Manuskript, sie ging im Raum hin und her. Immer war sie leger gekleidet, trug zum Beispiel Jeans. Ein sportlicher Typ, kein damenhafter. Die Zuhörerschaft war klein, weniger als zehn Studierende. Die kleine Theologische Fakultät Neuenburg litt an einem Mangel an Einschreibungen, die Konkurrenz von Genf und Lausanne war zu stark, und Neuenburg drohte sogar die Schließung. War der Kanton bereit, weiterhin eine so kleine Fakultät zu finanzieren? – Aber es wurde gut gearbeitet, gut studiert, auch dank einer solch engagierten Professorin wie Christa G. Für Zwischenfragen war sie immer offen; sie wollte *mit den Studierenden zusammen* vorwärtsschreiten, und wenn diese etwas nicht verstanden hatten, musste erklärt werden. Nötigenfalls ausführlich.

«Sie haben eben von christlich-gnostischen Texten gesprochen», meldete sich ein Student. «Diese Texte seien Giftblüten. Frage: Was ist unter *christlich-gnostischen Texten* zu verstehen?»

Der Student, der die Frage gestellt hatte, hieß Maxim und war ein Bewunderer von Christa G. – ganz im Gegensatz zu seiner Zwillingsschwester Alexia, von der Christa G. *gehasst* wurde. Maxim und Alexia hatten gemeinsam begonnen, Theologie zu studieren, aber Alexia war nach kurzer Zeit abgesprungen. Christa G. habe ihr, so klagte sie, mit ihrer historisch-kritischen Vorgehensweise den Glauben zerstört. Maxims von der Kindheit her mitgebrachter Glaube hatte sich im Studium auf ein höheres Niveau hin transformiert, aber der seiner Schwester war zerbrochen. Alexia hatte daraufhin eine Karriere als Berufstänzerin begonnen – ein Gräuel für die Eltern.

Was ist unter christlich-gnostischen Texten zu verstehen und warum sind sie Giftblüten? Christa G. setzte zu einer ausführlichen Antwort an:

Wenn ich «christlich-gnostische Texte» sage, denke ich vor allem an die Nag-Hammadi-Schriften, zu denen auch das berühmte Thomasevangelium gehört, von dem sich viele heutige Menschen Inspiration für ihr religiöses Leben erhoffen. Immer wieder werden Bücher geschrieben, die versuchen, das Thomasevangelium für unsere Zeit zu erschließen. Als ein christlicher Text, der keine jahrhundertelange Auslegungsgeschichte hinter sich hat, ist das Thomasevangelium «unverbrauchter» als die neutestamentlichen Evangelien, es ist offener, nicht «zugepredigt». Freilich muss man sehen, dass es seine Leser in eine andere Richtung weist als die neutestamentlichen Evangelien: nicht zu einer geschichtlich ergangenen Offenbarung hin, sondern zu einem Erwachen in ein höheres Bewusstsein seiner selbst hinein.

Das Thomasevangelium ist also eine der Nag-Hammadi-Schriften. Im Dezember 1945 wurde in der Nähe des Städtchens Nag Hammadi am Mittellauf des Nils ein sensationeller Fund gemacht: Fellachen stießen auf eine gesamte koptische Bibliothek, bestehend aus 13 Codices mit 52 Traktaten. Die Texte sind für die Rekonstruktion der Anfangszeit des Christentums von unschätzbarem Wert, dokumentieren sie doch – jedenfalls eine ganze Reihe von ihnen – die gnostische Richtung des frühen Christentums, die bisher im Wesentlichen nur durch Zitate und Widerlegungen der Kirchenväter bekannt war. Der Nag-Hammadi-Fund macht es nun möglich, eine bekämpfte und untergegangene Interpretation der Christusbotschaft aus ihren eigenen Quellen zu rekonstruieren.

Erlösung besteht für die Nag-Hammadi-Schriften darin, die Verstrickung in die Welt zu überwinden. Die Welt, so wie wir sie kennen, ist eine Wirklichkeit minderen Grades, geschaffen von einem «Demiurgen», einem dämonischen Gegengott. Das eigentliche Leben spielt sich nicht auf dieser Welt ab, sondern auf der geistigen Ebene.

Herkömmliche christliche Theologie muss auf Inkarnation bestehen. Erlösung muss auf der tiefsten Ebene von Realität stattgefunden haben, sie darf nicht oberhalb von Raum, Zeit und Leiblichkeit geblieben sein – andernfalls würde sie nicht «greifen», nicht existenzverändernd wirken können; der Erlöser muss *im Fleisch* gekommen und *im Fleisch* gestorben sein. Für die Nag-Hammadi-Texte ist aber die Raum-Zeit-Ebene mit dem Menschen als Leibwesen gar nicht die Ebene tiefster, konkretester Realität, sondern eine dämonische Täuschung. Erlösung darf sich hier gar nicht abgespielt haben, sie muss im Gegenteil diese Wirklichkeit zerstören, sie in ihrem Trugcharakter entlarven, und sie muss die Menschen auf eine andere Ebene, die Ebene des Geistes, heben. Der gnostische Erlöser lässt einen Weckruf erschallen, und das im Menschen vorhandene, aber durch den Trugcharakter der Welt betäubte göttliche Selbst erwacht und beginnt den Aufstieg in die geistige Sphäre.

Von hier aus erklärt sich auch der Vorwurf an die «Archonten», die Weltherrscher, dass sie den Menschen überhaupt mit einem Leib ausgestattet haben. Der Leib drückt den Menschen auf das Niveau des Tieres herab, er begrenzt ihn, er hält das göttliche Selbst gefangen. Im Tod wird der Leib abgelegt wie ein nicht mehr benötigtes Gewand. Es ist ja inzwischen im Menschen ein anderes, unsterbliches Leben wachgerufen worden. Der Mensch ist einsgeworden mit dem Göttlichen, dieses macht sein innerstes Wesen aus. Dadurch hat der Mensch Unsterblichkeit erlangt und den Tod vernichtet. Der Tod ist nur für das irdische Wesen existent; er ist, so lautet die Heilsbotschaft der Nag-Hammadi-Texte, für den irrelevant, der zum eigentlichen Leben erwacht ist. Das Lebensprinzip des erleuchteten Menschen kann vom Tod nicht mehr tangiert werden. Und so bezeugen denn auch einige Traktate, insbesondere der Brief an Rheginus: «Die Auferstehung ist schon geschehen!»

Vor der Entdeckung der Nag-Hammadi-Texte hatte man gnostisches Christentum fast nur durch die Brille der groβkirchlichen Häresie-Jäger wahrnehmen können; dadurch war der Zugang zu dieser Art des Denkens kaum möglich gewesen. Nun sieht man, mit welchem Ernst in christlich-gnostischen Kreisen um die Ermöglichung menschlicher Existenz gerungen wurde, um Erlösung aus Absurdität und Nichtigkeit.

Christlich-gnostisches Denken hat viel mit den fernöstlichen Religionen und Weltanschauungen gemeinsam, etwa mit der Zen-Philosophie, und man kann fragen, ob es nicht von dorther beeinflusst ist. Es gab nachweislich Handelsverbindungen zwischen dem fernöstlichen und dem vorderasiatischen Raum, und auf Handelswegen werden bekanntlich nicht nur materielle Güter transportiert, sondern auch Weltanschauungen; doch irgendwelche Belege dafür, dass auf Handelswegen tatsächlich fernöstliche Gedanken in den vorderasiatischen Raum geflossen sind, haben wir nicht.

Wie in den fernöstlichen Religionen und Weltanschauungen ist auch im christlich-gnostischen Denken die Selbstverständlichkeit menschlichen Existierens verlorengegangen. Es hat sich eine Einsicht eingestellt, die den alltäglichen Lebenszusammenhang nicht mehr als strukturierend und Sicherheit vermittelnd wahrnehmen kann: menschliche Existenz blickt durch sich selbst hindurch in einen Abgrund; Leben ist nur noch Täuschung, Schein. Wie kann man da noch weiterleben? Auch «Gott» kann ein dermaβen ins Rutschen gekommenes Daseinsverständnis nicht mehr in jedem Fall stabilisieren, er gerät ebenfalls unter Illusionsverdacht; oder – ist man selber Gott? Ist *in einem selbst* die Lösung des menschlichen Dilemmas möglich? Wenn man sich in dieser Spur weiterbewegt, entsteht eine autistische Religion des eigenen Selbst, und nichts anderes ist Gnosis. Gnosis heiβt wörtlich Erkenntnis. Gemeint ist die Erkenntnis, ein göttliches Selbst in sich zu haben. Christus ruft im Menschen dieses Selbst, das noch unbewusst ist, wach. *Das* ist seine Erlösungstat. Sterben und Auferstehen mit Christus wird verstanden als Entdecken des unbewusst Geistlich-Göttlichen im Menschen – der Unterschied zur herkömmlichen christlichen Erlösungsvorstellung könnte gröβer nicht sein.

«ICH BIN RECHTGLÄUBIG! WENN ICH christlich-gnostische Texte *Giftblüten* nenne, bin ich rechtgläubig!» Es hielt Christa G. nicht auf ihrem Stuhl vor dem Schreibtisch des Polizisten, sie stand auf und ging im Raum umher. Der Warnbrief, den sie von den bibeltreuen Christen bekommen hatte, lag vor dem Polizisten. Dieser spielte mit einem Kugelschreiber und dachte nach. Er hatte nicht nur den Brief zur Lektüre vorgelegt bekommen, sondern hatte auch einer längeren Ausführung über christlich-gnostische Texte folgen müssen; andernfalls wäre ihm Christa G.s persönliche Distanzierung von diesen Texten nicht einsichtig geworden. Er war hinterher einigermaßen verwirrt, glaubte aber, das Wesentliche verstanden zu haben. Er spielte also mit einem Kugelschreiber, dachte nach, und die Frau redete, während sie durch den Raum ging, erregt weiter:

«Ich lasse mir das Etikett *nicht rechtgläubig!* nicht an die Backe kleben! Ich halte trotz historisch-kritischer Bibelauslegung an meinem Glauben fest. Am Roman *Paulus und Thekla* arbeite ich in meinen Mußestunden, da darf man ja wohl machen, was man will. Und Paulus eine Frau an die Seite stellen? Das tut der Apostel hypothetisch selber; er fragt die Korinther in 1 Korinther 9, ob er nicht das Recht habe, eine Schwester als Frau mitzunehmen wie auch die übrigen Apostel und die Brüder des Herrn und Kephas.»

«In dem Brief wird 1 Korinther 7 erwähnt», sagte der Polizist. «Was steht dort?»

Christa G.: «Paulus rät in diesem Kapitel zur Ehelosigkeit. Er verbietet die Ehe zwar nicht, rät aber von ihr ab. *Bist du ohne eine Frau, so suche keine*, schreibt er – und hat sich selber daran gehalten.»

Der Polizist: «Woher weiß man das so genau? Könnte der Apostel nicht auch verheiratet gewesen sein?»

Christa G., jetzt ganz Exegetin: «Paulus war mit an Sicherheit grenzender Wahrscheinlichkeit unverheiratet. Das ergibt sich aus dem Argumentationsgefälle von 1 Korinther 7. Er gesteht denen, die von übergroßer sexueller Lust geplagt werden, die Ehe zu. Damit reduziert er die Mann-Frau-Beziehung auf das Geschlechtliche. Man heiratet aber nicht nur aus geschlechtlicher Lust, man heiratet, weil man mit dem anderen Menschen sein Leben teilen möchte. Das jedoch liegt jenseits der Verstehensmöglichkeiten des Paulus, der kein Alltagsleben mit einer Frau kennt. Für ihn ist *Frau* lediglich ein Sexualwesen – ein Standpunkt, den nur ein Nicht-Verheirateter haben kann.»

Der Polizist nickte: «Das verstehe ich. Doch nun zu dem Brief. Vorher noch eine Frage: Sie sind nur mit diesem Brief gekommen; eine Liste mit Notizen über verdächtige Vorfälle der letzten zwei Jahre haben Sie nicht angefertigt. Warum nicht?»

Christa G.: «Es gab außer diesem Brief nichts.»

Der Polizist: «Also gut, konzentrieren wir uns auf den Brief. Von welchen Leuten könnte er Ihrer Meinung nach stammen?»

Christa G.: «Es gibt bibeltreue Christen überall, auch im Kanton Neuenburg – obwohl ich konkrete Gruppen nicht kenne; sie haben mich nie interessiert.»

Der Polizist: «Denken Sie nach. Sind Sie je mit bibeltreuen Christen aneinandergeraten? Gab es Diskussionen, etwa auf Konferenzen?»

Christa G. überlegte und schüttelte dann den Kopf: «Nein, ich kann mich an nichts erinnern.»

Der Polizist bohrte nach: «Und bei den Studenten – gab es da Widerstand gegen Ihr historisch-kritisches Arbeiten?»

Christa G.: «Allerdings, den gab es. Aber nur ganz selten. Der prominenteste Fall ist der von Alexia. Maxim und Alexia, ein Zwillingspaar, begannen gemeinsam in Neuenburg Theologie zu studieren. Maxim schätzte mich bald sehr, schätzt mich immer noch sehr, aber Alexia wurde durch mich in ihrem Glauben verunsichert, gab das Studium auf und sagte mir wörtlich, dass Sie mich hasse. Sie begann eine Karriere als Berufstänzerin. Für die Eltern, sehr fromme Leute, muss das ein Gräuel sein. Aber verstehen Sie mich nicht falsch: Ich will diese Leute nicht verdächtigen, den Brief geschrieben oder gar geschossen zu haben. Christliche Ethik verbietet so etwas.»

Der Polizist lachte bitter auf: «Sie wissen nicht, liebe Frau G., wozu auch Menschen mit hohem ethischem Standard fähig sind. Doch Sie haben Recht: Wir wollen diesen Leuten nicht vorschnell etwas unterstellen. Nachgehen muss ich der Sache aber.»

Auf dem fünfzehn Meter breiten Wiesenstreifen zwischen dem Gebäude, in dem sich Christa G.s Eigentumswohnung befand, und dem Waldästen am Abend nicht nur Rehe. Dort tauchten regelmäßig auch zwei kleine Hunde auf, die wurden von einem der Nachbarn spazieren geführt und verscheuchten dann die Rehe, was Christa G. immer bedauerte. Aber Professorin am Schreibtisch und Nachbar mit Hunden grüßten einander immer freundlich durch das Fenster, mit Winken. Seit einigen Tagen gab es solche Begrüßungen aber nicht mehr – der Nachbar sah keine Frau mehr am Schreibtisch sitzen, er schaute auf die heruntergelassenen burgunderroten Blechlamellen der Außenstore. «Verständlich, verständlich», dachte der Mann. «Auf die Frau ist geschossen worden, und jetzt sucht sie Sicherheit durch die Store. Aber ob das dünne Blech einem Pistolenschuss standhalten würde? Und die Frau hat jetzt keinen Blick mehr auf die Bäume und Büsche, die sich allmählich herbstlich einfärben. Dabei brauche sie doch, hat sie mir einmal erzählt, zum Arbeiten diesen Blick. Nun, dann muss eben ohne ihn gearbeitet werden.»

Was ein Nachbar so denkt. Er denkt an der Realität vorbei. Die Realität war, dass Christa G. ohne Blick auf die grüne, sich allmählich herbstlich einfärbende Front von Bäumen und Büschen nicht richtig arbeiten konnte. Die Lehrveranstaltungen vorbereiten, das ging noch. Aber mit Romanschreiben war Schluss. Immer wieder versuchte es Christa G. und saß dann vor einer leeren Seite, auf die kein Satz über Paulus und Thekla wollte, kein einziger. Sie bekam Tränen in die Augen und sagte sich: «Meine schöne Eigentumswohnung – so entwertet! Im Arbeitszimmer immer auf künstliches Licht angewiesen sein, das halte ich auf die Dauer nicht aus. Was mache ich nur?»

Was sie machen sollte und auch immer machte? Eine Schlaftablette nehmen und früh ins Bett gehen. Schlaftabletten waren inzwischen in der Hausapotheke und Christa G. griff regelmäβig nach ihnen. Die auf Gesundheit bedachte sportliche Frau – im Begriff, schlaftablettenabhängig zu werden!

Mit Schlaftabletten schläft man tief; ungesund tief, wie in Trance. Wenn mitten in der Nacht in der Wohnung etwas passiert, bekommt man das nicht mit. Aber was soll da passieren? Am Morgen sah Christa G., was passiert war: auf ihren Schreibtisch war ein Häufchen Sand geschüttet worden. Unfassbar. War sonst etwas in der Wohnung verändert? Waren Schubladen aufgezogen, Schränke geöffnet und durchwühlt? Nein. War etwas gestohlen? Ihr Schmuck, Geld? Nein. Auβer dem Häufchen Sand auf dem Schreibtisch gab es keine Spur eines Fremdeinwirkens. War das Türschloss aufgebrochen? Nein, keine Anzeichen von Gewaltanwendung. Das konnte nur heiβen: Der Eindringling war mit einem Wohnungsschlüssel gekommen. Und warum war der Sand auf dem Schreibtisch? Christa G. rief die Polizei an.

Nach einem 9mm-Projektil in Band 3 des Literaturlexikons nun Sand auf dem Schreibtisch. Der Beamte von der Spurensicherung sagte: «Sie hätten nichts in der Wohnung anfassen dürfen, Frau G., vor allem nicht die Wohnungstür.» Christa G. hatte sie aber angefasst. Hatte bei der Untersuchung der Wohnung überall ihre Fingerabdrücke hinterlassen.

«Nicht so schlimm», sagte der Beamte, «der Eindringling hat wahrscheinlich ohnehin Handschuhe getragen. So ein Typ geht professionell vor.»

«Aber was soll das – mir Sand auf den Schreibtisch schütten?», fragte Christa G.

Der Beamte: «Keine Ahnung. Ich habe so etwas noch nicht erlebt. Nur eine Erklärungsmöglichkeit sehe ich: Der Eindringling will Ihnen die Freude an Ihrer Wohnung verleiden. Das tat er schon mit dem Schuss, falls er mit dem Schützen identisch ist, und das hat er mit dem Sand nochmals getan.»

Christa G.: «Mir die Freude an der Wohnung verleiden? Warum?»

Der Beamte: «Ist nur eine Hypothese. Denken Sie darüber nach, wer Sie möglicherweise aus der Wohnung scheuchen möchte.»

Schuss ins Arbeitszimmer, Sand auf dem Schreibtisch, den Kopf voller Fragen, nicht mehr literarisch schreiben können, zum Einschlafen auf Schlaftabletten angewiesen sein – und doch mussten die Lehrveranstaltungen weiterhin abgehalten werden. Christa G. zwang sich, wenn sie die Theologische Fakultät betrat, zur Disziplin: Jetzt geht es um den Stoff, nicht mehr um die Problematik zu Hause!

AUS DER APOKRYPHEN-VORLESUNG VON CHRISTA G.:

Die apokryphen Apostelakten oder Apostelgeschichten haben – auch für den heutigen Leser – einen hohen Unterhaltungswert, befriedigen allerdings keine gehobenen literarischen und auch keine theologischen Ansprüche. Sie würden sich gut als Drehbücher für Filme eines nicht zu hohen Niveaus eignen. Dennoch: Sie verdienen es, ernstgenommen zu werden, dürften sie doch die Vorstellungswelt des Groβteils der damaligen Christenheit ziemlich genau wiedergeben. Insofern sind sie *doch* theologische Dokumente: Sie informieren über den Volksglauben, über das Denken des Vulgärchristentums.

In welcher Beziehung stehen die apokryphen Apostelgeschichten zur Apostelgeschichte des Lukas? Hat das lukanische Werk den Anstoβ zu ihrer Abfassung gegeben? Hat es ferner das literarische Modell geliefert, sind die apokryphen Apostelgeschichten vom selben Genre? Wird die theologische Intention des Lukas weitergeführt?

Irgendwo im Hintergrund der apokryphen Apostelgeschichten steht sicherlich das lukanische Werk. Dieses mag Anregungen gegeben haben, vielleicht sogar die entscheidenden, aber die apokryphen Apostelgeschichten imitieren es nicht einfach. Ihre Verfasser schufen vielmehr – unter Aufnahme gewisser Stilmerkmale der lukanischen Apostelgeschichte – eine neue Art von Literatur. Sie gingen diesen Weg der Loslösung von Lukas mit Notwendigkeit, war doch ihre Theologie anders. Die entscheidende Diskussion zum Verhältnis «apokryphe Apostelgeschichten / lukanische Apostelgeschichte» ist nicht bezüglich des Punktes «literarische Gattung» zu führen, sondern bezüglich des Punktes «Theologie». Lukas wählte für seine theologische Aussage eine bestimmte literarische Form. Die apokryphen Apostelgeschichten übernahmen die theologische Aussage des Lukas nicht, und deshalb können sie auch mit der literarischen Form, die er bietet, nichts anfangen.

Lukas geht es nicht eigentlich um «Taten» der Apostel, sondern er schreibt so etwas wie eine Kirchengeschichte. Durch dieses Werk möchte er seine Gemeinde in das Geschichtshandeln Gottes einweisen, er möchte ihr zeigen, wie sie sich in Zeit und Geschichte zu verstehen hat. Lukas, der «Theologe der Heilsgeschichte», ist der Meinung, dass Gott der Kirche zumutet, sich noch eine gute Zeitlang in dieser Welt zu bewähren. Bestehen kann die Kirche nur, wenn sie sich einerseits ihrer Anfänge und andererseits ihres Auftrags, das Evangelium bis an das «Ende der Erde» auszubreiten (Apostelgeschichte 1,8), bewusst bleibt.

Nun, solche Gedanken sind christliches Allgemeingut. Entscheidend ist jedoch, dass Lukas sie als Erster formuliert hat. Im Wesentlichen *er* war es, der die Kirche aus ihren pneumatisch-ungeschichtlichen Anfängen herausführte, der ihr den Weg in die Geschichte wies. Ohne Lukas hätte sich das christliche

Selbstverständnis völlig anders entwickelt; aus den Christusgläubigen wäre vielleicht eine schwärmerische Sekte geworden.

Die apokryphen Apostelgeschichten zeigen keinerlei Ansatz, geschichtlich-heilsgeschichtlich zu denken. Das theologische Konzept des Lukas wird nicht (in eine neue Zeit hinein) weitergeschrieben – dann wären in der Tat theologisch faszinierende Werke entstanden! Nein, das Interesse der apokryphen Apostelgeschichten gilt vielmehr untergeordneten Zügen der lukanischen Darstellung, nämlich dem Wirken der Apostel, vor allem den Wundern. Hinsichtlich *dieser Punkte* wird Lukas aufgenommen und weiterentwickelt. Noch einmal: dass dabei eine andere literarische Form herauskommen musste, ist klar.

Auch die Apostelgeschichte des Lukas ist nicht frei von legendarischem Material, nur ist es von Umfang und Gewicht her gering anzusetzen; in den apokryphen Apostelgeschichten wird dieses Material jedoch wie durch einen Storchschnabel erweitert. Aber noch mehr ist zu sagen. Bei Lukas führt das legendarische Material kein Eigenleben, es dient der theologischen Gesamtkonzeption, es stützt sie sozusagen von den Seiten her ab. In den apokryphen Apostelgeschichten hingegen, wo eine theologische Gesamtkonzeption fehlt, rückt das legendarische Material in den Mittelpunkt.

Wenn nicht von der lukanischen Apostelgeschichte die entscheidenden Impulse für die literarische Gestaltung der apokryphen Apostelgeschichten ausgingen, vielleicht dann vom antiken Roman? Die Antike hat eine reiche Romanliteratur hervorgebracht, und Analogien zwischen den apokryphen Apostelgeschichten und dem antiken Roman sind unübersehbar.

Der antike Roman ist – vom heutigen ästhetischen Empfinden her geurteilt – im Wesentlichen dies: Trivialliteratur. Was für uns den Charakter eines Romans ausmacht, nämlich die Schilderung des inneren Weges von Persönlichkeiten mit Identifikationsmöglichkeiten für den Rezipienten, ist in den entsprechenden antiken Werken nicht zu finden. Der antike Roman arbeitet mit stereotypen Elementen. Da, wo Entwicklungen gezeigt werden, sind sie anderer Art als im heutigen Roman: Man denke zum Beispiel an das erotische Erwachen von Daphnis und Chloë. Die Protagonisten des antiken Romans erleben zwar die vielfältigsten Abenteuer, aber sie kommen aus ihnen heraus, wie sie hineingegangen sind: Sie altern nicht, behalten ihre Schönheit bei und so weiter. Gewiss muss man innerhalb der antiken Romanliteratur differenzieren, aber als allgemeines Urteil lässt sich doch festhalten: Die Schriften wollen *unterhalten*. Und genau *das* ist charakteristisch für die apokryphen Apostelgeschichten. Schon von daher ergibt sich die Vermutung, dass die Apostelakten gewissermaβen «Romane für Christen» sind. Wegen ihrer frappierenden Freizügigkeit auf sexuellem Gebiet, ja, wegen ihres zum Teil pornographischen Charakters (mit Bordellszenen und so weiter) waren die antiken Romane in christlicher Hand schlecht vorstellbar. Ersatzliteratur musste her: die apokryphen Apostelgeschichten.

Pause.

Über jede neue Person, die über die Schwelle der Theologischen Fakultät der Universität Neuenburg tritt, freut man sich. Eine neue Studentin, ein neuer Student? Herzlich willkommen, wir brauchen Zuwachs! Aber über jene Person, die im Flur stand, als Christa G. in der Pause den Vorlesungsraum verließ, freute sie sich nicht. Ein Störenfried! Ein Hinterherlaufer, ein Jammerlappen, einer, der sich nicht in seine neue Realität, die Realität des Geschiedenseins, hineinfinden konnte: Felix, Christa G.s Ex-Ehemann. Jetzt hatte er es sogar gewagt, die Theologische Fakultät zu betreten. Nun, die Wohnungstür öffnete ihm Christa G. nicht mehr; wenn sie durch den Spion sein wehleidiges Gesicht erblickte, rief sie «verschwinde!» und verschwand ihrerseits im Innern der Wohnung. Aber in der Theologischen Fakultät, umgeben von Studierenden, konnte sie sich ein «Verschwinde!» nicht erlauben. Sie sagte zu Felix: «Komm mit in mein Dienstzimmer. Ich habe zehn Minuten.»

Sie betrachtete ihn, wie er ihr da gegenübersaß, mit Verachtung. Er hatte an Gewicht zugelegt, sein Gesicht war feist. Früher hatte er damit geprahlt, ein schneidiger Hauptmann der Reserve der Schweizerischen Armee zu sein. Sechzig Liegestütze hatte er geschafft, Christa G. hatte immer mal wieder zusehen müssen, und laufen im Wald tat er auch. Aber nach der Scheidung ließ er sich gehen.

«Komm zurück, Christa», sagte er wieder einmal. «Zieh aus der Wohnung aus, verkauf sie am besten, und zieh wieder in unser Haus ein. Ich verspreche dir, dass ich mich ändern werde.»

Christa G. schwieg. Das Schweigen hieß: «Halt die Klappe. Du kennst meine Antwort, du weißt, dass ich nie zurückkommen werde.»

In Christa G.s Schweigen hinein brachte Felix ein Anliegen hervor: «Ich breche morgen zu einer mehrwöchigen Geschäftsreise nach Japan auf. Könntest du in dieser Zeit meine Blumen gießen?»

Ja, das konnte Christa G. Wenngleich sie das eigentliche Motiv erkannte: Sie sollte, wenn sie allein durch das Haus ging, nostalgische Gefühle bekommen. Sie sollte Heimkehr-Sehnsucht bekommen. Aber trotzdem – den Gefallen des Blumen-Gießens wollte sie Felix tun. «Ich habe ja immer noch einen Schlüssel», sagte sie.

Felix: «Und ich habe einen von deiner Wohnung. Du fühlst dich, hast du gesagt, sicherer, wenn eine Vertrauensperson im Falle eines Falles Zugang hat. Ich bin offenbar für dich immer noch eine Vertrauensperson, Christa.»

Christa G.: «Wie man es sieht; ich habe jedenfalls keinen Grund anzunehmen, dass du mit dem Schlüssel Missbrauch treiben könntest.»

Christa G., nimm ihm den Schlüssel weg. Und noch etwas: Warum ist dir bisher nicht eingefallen, dass ein Reserve-Hauptmann der Schweizerischen Armee im Keller, gut verschlossen, eine SIG 9mm aufbewahrt? Felix hat dir die schwere, matt glänzende Waffe sogar einmal gezeigt. Nein, wir wollen deinen Ex-Ehemann nicht verdächtigen, aber er hat nun einmal eine 9mm-Pistole und auch einen Schlüssel von deiner Wohnung.

Ende der Pause, der Ex-Ehemann geht, Christa G. fährt mit ihrer Vorlesung fort:

Ich komme zu den Paulusakten. Sie waren ein sehr umfangreiches Werk. Erhalten sind sie nur lückenhaft; unsere Kenntnis des Textes ist in den letzten Jahrzehnten zwar immer weiter gewachsen und der Inhalt dieser Apostelgeschichte lässt sich einigermaßen bestimmen, doch der Handlungsverlauf ist im Einzelnen immer noch nicht völlig gesichert.

Schon länger bekannt waren folgende Stücke: die Akten des Paulus und der Thekla, der Briefwechsel zwischen Korinth und Paulus und das Martyrium des Paulus. Diese drei Stücke waren aus dem Kontext gelöst und einzeln tradiert worden, ein für die apokryphen Apostelgeschichten typischer Vorgang. Als wichtigste neu hinzugetretene Zeugen für weiteres Textmaterial sind ein griechischer Papyrus der Hamburger Staats- und Universitätsbibliothek und ein koptischer Papyrus aus Heidelberg zu nennen. Wenn man die vorhandenen Textstücke in eine sinnvolle Reihenfolge bringt, ergibt sich folgender Inhalt:

Nach seiner Bekehrung vor Damaskus reist Paulus zunächst nach Jerusalem, dann nach Antiochien; unklar ist, ob das syrische Antiochien oder das Antiochien in Kleinasien gemeint ist. In Antiochien vollbringt Paulus ein Wunder: Er erweckt einen Toten. Dann muss der Apostel aus der Stadt fliehen und zieht hinauf nach Ikonium.

An dieser Stelle setzen die Akten des Paulus und der Thekla ein und bieten für die nächste Phase des paulinischen Wirkens eine zusammenhängende Darstellung. Offenbar waren die Akten des Paulus und der Thekla der beliebteste Teil der Paulusakten, jedenfalls, wenn man von der Zahl der Textzeugen ausgeht.

Den Inhalt der Akten des Paulus und der Thekla werde ich Ihnen in der nächsten Vorlesungsstunde ausführlich vorstellen; hier liegt einer der Schwerpunkte der Vorlesung. Freuen Sie sich bereits jetzt auf spannende Unterhaltung! Diesen Paulus-Thekla-Stoff möchte ich meinerseits in einen Roman umsetzen. Reizvoll ist für mich als feministische Theologin, dass nicht *Paulus* im Mittelpunkt der Darstellung steht, sondern die Frau, Thekla. Der Paulus-Thekla-Stoff ist nicht etwa vom Verfasser der Paulusakten ad hoc geschaffen worden, er lag ihm vielmehr bereits vor. Er inkorporierte seinem Werk eine alte Sammlung mündlicher Thekla-Traditionen, hat diese Traditionen freilich umgestaltet. Und nun erlaube ich mir, diese umgestalteten Traditionen für meinen Roman nochmals umzugestalten.

Mit Händen zu greifen ist die Abhängigkeit der Paulus-Thekla-Erzählung vom antiken erotischen Roman; die Paulus-Thekla-Geschichte ist im Grunde eine Liebesgeschichte.

Im soziologisch-feministischen Ansatz zur Auslegung der apokryphen Apostelgeschichten spielen insbesondere die Akten des Paulus und der Thekla eine große Rolle. Der soziologisch-feministische Ansatz wurde in Nordamerika entwickelt. Ausgewertet werden hier die apokryphen Apostelgeschichten als

Geschichtsquellen. Natürlich wissen die betreffenden Autorinnen und Autoren um den legendarischen Charakter dieser Schriften, aber sie meinen, dass man von den Motiven der Texte aus und von gewissen literarischen Zügen und theologischen Ansichten her soziologische Erkenntnisse über die Verfasser und ihre Gemeinden gewinnen kann. So gesehen, sind die apokryphen Apostelgeschichten reichhaltige Quellen für den Lebensstil der damaligen Christen, für die Sozialstruktur der Gemeinden und das religiöse Wertesystem. Insbesondere dokumentieren die Apostelakten, so sagt man, die Beteiligung von Frauen am kirchlichen Dienst. Große Aufmerksamkeit wird in diesem Zusammenhang den «chastity stories» gewidmet, jenen Geschichten, in denen das Thema die Keuschheit der Frauen ist. Sieben solcher Geschichten werden ausgemacht; in ihnen geht es um das Gelöbnis, die Bedrohung und die Verteidigung von Keuschheit. Soziologisch erfüllt Keuschheit folgende Funktion: Sie steht für Autonomie, für Freiheit von Autoritätsausübung durch den Ehemann oder politischen Herrscher. Und genau hier fügt sich die Jungfrau Thekla ein; durch ihre Keuschheit gewinnt sie *Selbstbestimmung* – auch gegenüber Paulus, den wir ja vom Neuen Testament her als durchaus autoritär kennen.

Den Akten des Paulus und der Thekla folgen Berichte über Lehr- und Wundertätigkeit des Apostels in Myra, Sidon und Tyrus. Danach hat Paulus in Ephesus einen Tierkampf zu bestehen. Er stößt auf einen Löwen, den er bereits kennt – weil er ihn getauft hat! Hier wird der Erzählstoff massiv legendarisch.

Es folgt eine Korrespondenz zwischen Korinth und Paulus. Die Korinther bitten Paulus um Prüfung fremder, gnostischer Lehren, die unter ihnen verkündigt werden. Paulus antwortet mit einem Lehrbrief, in dem unter anderem das Thema Auferstehung zur Sprache kommt: «Die euch aber sagen, es gebe keine Auferstehung des Fleisches, für die wird es keine Auferstehung geben.»

Nachdem Paulus den Korinthern geschrieben hat, besucht er auch noch persönlich die korinthische Gemeinde, um anschließend nach Italien aufzubrechen. In Rom erleidet Paulus das Martyrium.

Datieren kann man die Paulusakten durch eine Notiz bei dem Kirchenvater Tertullian auf die Zeit kurz vor 200. Autor ist ein kleinasiatischer Presbyter, über den wir sonst nichts wissen. Die theologische Botschaft der Paulusakten lässt sich mit den Begriffen «Enthaltsamkeit» und «Auferstehung» zusammenfassen. Damit dürfte dem durchschnittlichen Gemeindeglauben Ausdruck verliehen sein. Ein gewisses theologisches Format beweist der Verfasser in der Darstellung des Martyriums des Apostels. Er lässt es nicht – was vom Vorhergehenden nahegelegen hätte – durch Keuschheitspredigt veranlasst sein, sondern durch die Proklamation von Jesus Christus als «König der Äonen». Jesus Christus stellt mit seiner Herrschaft die Herrschaft des Kaisers in Frage: «Alle Königreiche unter dem Himmel vernichtet er, und er allein wird in Ewigkeit bleiben, und es wird kein Königreich geben, das ihm entrinnen könnte.» Hier wird ein Anspruch Christi angemeldet, der über die Gemeinde hinausgreift und die ganze Welt meint; für die Proklamation dieses Anspruchs verliert Paulus sein Leben.

WIE KANN MAN EINER FRAU IHRE WOHNUNG verleiden, wenn man, weil sie das Türschloss ausgewechselt hat, nicht mehr in die Wohnung kann, um Sand auf den Schreibtisch zu schütten? Man legt ihr einen toten Vogel vor die Wohnungstür. Die aus dickem Glas gefertigte Haustür des Gebäudes mit den Eigentumswohnungen ist nie abgeschlossen, man hat also freien Zugang. Freien Zugang bis zur Wohnungstür, dort deponiert man in der Nacht den Vogel. Und fragt sich: «Wird das jetzt reichen? Wird Christa G. zum Makler gehen, über den sie die Wohnung erworben hat, um sie wieder zu verkaufen?» Man selber steht zum Kauf bereit; die nötigen zwanzig Prozent Eigenkapital sind vorhanden.

Zum Frühstück Zeitungslektüre! Morgenmantel an und zu den Briefkästen gehen! Aber Christa G. kam nicht bis zu den Briefkästen, sie kam nur bis zu ihrer Wohnungstür – als die geöffnet war, war es vorbei mit Lust auf Frühstück und Zeitungslektüre. Christa G. starrte fassungslos auf den Vogel. «Die Polizei anrufen!», war ihr erster Gedanke; aber wegen eines toten Vogels vor der Wohnungstür ruft man die Polizei nicht an. Was sollte die dazu sagen? Was sollte sie unternehmen? Es würde wieder nur die Botschaft kommen: «Jemand will Ihnen die Freude an Ihrer Wohnung verleiden.»

War sie Christa G. nun verlitten, die Freude an der Wohnung? Wie die Frau da in der Küche kauerte und ihr Frühstück einnahm, Tränen in den Augen, hätte man sagen können: «Ja, Freude verlitten.» Aber Christa G. war eine Kämpferin und die Tränen waren Wuttränen. «Ich lasse mich nicht aus der Wohnung treiben!», sagte sie und schlug mit der flachen Hand auf den Küchentisch. Da lief ein Ruck durch sie, sie stand auf und ging im Morgenmantel ein zweites Mal los, bis zu den Briefkästen, den toten Vogel würdigte sie keines Blickes. War heute nicht Dienstag? Da würde der Reinigungsdienst anrücken, um das Treppenhaus zu putzen. Dann würde der Vogel mittags ja wohl weg sein.

Frühstück mit Zeitungslektüre, jetzt doch! Und nicht mehr am Tisch *kauern*, sondern aufrecht sitzen! Christa G. – eine unbeugsame Frau. Auch durch den alkoholabhängigen Ehemann nicht gebeugt worden, nicht in die Opferrolle gebracht worden, erhobenen Hauptes rausgegangen aus der Ehe. Jetzt ganz für den Beruf da. Und fürs Romanschreiben.

Was brachte die Zeitung an Neuigkeiten? Die meisten Seiten: Lokalnachrichten. Irgendwo in einem Dorf: Fest der Freiwilligen Feuerwehr; Rettungseinsatz auf dem Neuenburgersee, ein Segelboot war gekentert; Zwischenbericht zum Entführungsfall Beatrice F.: Der Täter hat inzwischen seine Strafe abgebüßt und ist wieder auf freiem Fuß; von den fünf Millionen Lösegeld nach wie vor keine Spur; sechs Monate Beugehaft brachten den Mann nicht zum Reden; er hat irgendwo die fünf Millionen sicher verwahrt.

Christa G. legte die Zeitung gelangweilt zur Seite.

In einer Geschichte, in der es nicht nur um Paulus und Thekla ging, sondern auch um fünf Millionen Schweizer Franken, beschloss die Frau, die den Roman «Paulus und Thekla» schreiben wollte, in ihrem vom Tageslicht abgeschnittenen Arbeitszimmer das aber nicht konnte, wieder Licht hereinzulassen. Sie drehte die Auβenstore hoch und schob die Gardinen zur Seite. Die zerschossene Scheibe war längst repariert. Mit Blick auf den Wald und den Wiesenstreifen lösten sich die Schreibstörungen auf, Christa G. konnte wieder am Roman arbeiten. Und der Preis dafür? Sie bot sich, wie sie da am Schreibtisch saβ, dem Pistolenschützen als Ziel dar. Falls er noch einmal kommen und schieβen würde. Abends allerdings bot sich Christa G. *nicht* als Ziel dar, da war die Auβenstore wieder geschlossen; und es wurde nicht mehr am Roman gearbeitet, das ging nicht; *die Lehrveranstaltungen* wurden vorbereitet.

Hält eine Auβenstore aus dünnem Blech einem Pistolenschuss stand oder nicht? Das hatte sich neulich der Nachbar gefragt. Vielleicht hält sie stand, vielleicht nicht. Wenn es um fünf Millionen Schweizer Franken geht und die Wohnungseigentümerin sich auch nach dem toten Vogel vor der Wohnungstür nicht zum Makler begibt, um den Verkauf der Wohnung einzuleiten, wird noch einmal geschossen, auf die Blechlamellen, wieder ungefähr dorthin wie beim ersten Mal; mit etwas mehr Sicherheitsabstand zur vermuteten Position der Frau; man will sie ja nicht verletzen oder gar töten. Wird die Kugel das Blech durchschlagen? Ist egal. Der Terroreffekt wird sich mit oder ohne durchschossenes Blech einstellen.

Man kann zu Auβenstoren aus Blechlamellen Vertrauen haben, sie halten einem Pistolenschuss stand. Ein fürchterlicher Knall – aber kein zersplittertes Fensterglas, kein Eindringen der Kugel ins Zimmer, sie wurde vom Blech abgefangen. «Glücklicherweise kein weiteres zerstörtes Buch», dachte Christa G. hinterher – aber erst mehrere Stunden hinterher, als sie sich beruhigt hatte und die Polizei dagewesen war, die wieder nichts hatte feststellen können. Nur einen *Rat* konnte man Christa G. erteilen: das Arbeitszimmer in Zukunft ganz zu meiden; sie solle am Küchentisch oder Wohnzimmertisch arbeiten. «Und die Auβenstore immer geschlossen halten!»

Was soll dann aber aus dem Roman werden? Wie soll er weitergeschrieben werden? – Die Arbeit am Roman stockte. Sie stockte wegen fünf Millionen Schweizer Franken. Aber das konnte Christa G. nicht wissen.

«Da bist du ja wieder», flüsterte die Villa mit dem Schwimmbad. «Ich wusste, dass du kommen würdest, du hast doch so schöne Jahre hier verbracht. Bist mit deinem Mann glücklich gewesen, ihr habt euren Sohn hier aufwachsen sehen, er hat in dem groβen Garten gespielt. Tritt ein und bekomme nostalgische Gefühle, bekomme Heimkehr-Sehnsucht, vielleicht verkaufst du ja deine Eigentumswohnung und kehrst zurück. Wenn du, um Erinnerungen zu pflegen, durch die Zimmer gehst, geh bitte nicht in den Keller; da würde dich etwas zu sehr ins Nachdenken bringen.»

Was Villen so flüstern …

Was eine 54-jährige Frau so denkt. Sie denkt: «Ich bin nur zum Blumengießen erschienen. Nostalgische Gefühle und Heimkehr-Sehnsucht werde ich nicht aufkommen lassen.»

Die Villa hätte noch flüstern sollen: «Geh auch nicht ins Arbeitszimmer deines Ex-Ehemannes. Und wenn du es tust, dann schau auf keinen Fall die Papiere durch, die auf dem Schreibtisch liegen. Aber so etwas tut eine anständige Ex-Ehefrau ohnehin nicht.»

So etwas *sollte* sie nicht tun. So etwas *darf* sie nicht tun, es gehört sich nicht. Warum tut sie es trotzdem?

Ein Schreiben von der Hausbank. Felix' mittelständischer Maschinenbaufirma ging es nicht gut, das wusste Christa G. Sie wusste allerdings nicht, dass Felix vor der Pleite stand. Die Bank forderte mit einer Frist von sechs Wochen eine Sondertilgung von fünf Millionen; andernfalls würden alle Kredite sofort fällig.

Jetzt verstand Christa G. das Motiv der Japanreise besser: dort suchte Felix wahrscheinlich eine letzte Chance; er musste Maschinen verkaufen, verkaufen, verkaufen – vielleicht an die Japaner?

«Und auch die Auszahlung an mich im Rahmen der Gütertrennung hat Felix ärmer gemacht», dachte Christa G. «Aber immerhin habe ich jetzt die Eigentumswohnung.»

Das Haus war schöner als die Eigentumswohnung. Es lag auf einer Anhöhe, umgeben von Weinbergen, und bot einen Blick auf den ganzen Neuenburgersee und die Alpenkette in der Ferne. Wie gern hatte Christa G. hier gewohnt! Sie ging in ihr ehemaliges Arbeitszimmer. Das war jetzt verwaist: keine Regale mit Büchern mehr, kein Schreibtisch. Und da stiegen sie *doch* in ihr auf, die nostalgischen Gefühle; stieg auch die Heimkehr-Sehnsucht auf.

Was wäre, wenn Felix eine Entziehungskur machen würde? Und man ihr hinterher von therapeutischer Seite aus versichern würde, ihr Ex-Ehemann sei geheilt?

So kann man von einem Moment zum andern ins Wanken kommen. Da treibt einen nicht mehr ein Pistolenschütze aus der Eigentumswohnung oder versucht es zumindest, sondern da zieht eine Villa an einem. Das ist eine viel stärkere Kraft.

Und warum ging Christa G. in den Keller? Dort hatte sie früher mit ihrem Sohn Tischtennis gespielt, die Platte stand noch. Dort hatte Felix ihr auch einmal die SIG 9mm gezeigt, aber wegen der Pistole war sie die Kellertreppe nicht hinabgestiegen. Und dann war es *doch* die Pistole, die ihre Aufmerksamkeit gefangen nahm. Es war die nicht mehr vorhandene Pistole. Das Vorhängeschloss an dem Schrank, der als Aufbewahrungsort gedient hatte, war weg – und die Pistole gleich mit. Christa G. durchsuchte den ganzen Schrank, aber die SIG fand sie nicht. Das machte einen Anruf bei Felix nötig. Die Sekretärin in der Firma würde ja wohl eine Verbindung nach Japan herstellen können; ein Chef muss immer erreichbar sein.

«Geklaut wurde das Ding», sagte Felix, «schon vor einigen Wochen. Jemand ist durch das Kellerfenster eingestiegen und muss mit einem Bolzenschneider das Vorhängeschloss geknackt haben.»

Christa G.: «Ich habe kein aufgebrochenes Kellerfenster gesehen.»

Felix: «Habe ich sofort reparieren lassen.»

Christa G.: «Hast du den Diebstahl der Polizei gemeldet?»

Felix: «Der Militärpolizei, ja. Sie hat den Keller untersucht, aber keine Spuren gefunden.»

Christa G.: «Die Gemeinde- oder Kantonspolizei hast du nicht eingeschaltet?»

Felix: «Nein, die ist für militärische Dinge nicht zuständig.»

«Was ist denn jetzt los?», fragte die Villa mit dem Schwimmbad. «Du kommst mit zwei Koffern? Was soll das? Willst du etwa hier einziehen?»

Villen können mit ihren Vermutungen Recht haben. *Halbwegs* Recht haben, denn Christa G. wollte nur so lange in der Villa wohnen, wie Felix in Japan war. In das verwaiste Arbeitszimmer ohne Schreibtisch stellte sie einen Gartentisch und einen Wohnzimmerstuhl. Gartentisch mit Wohnzimmerstuhl – konnte man so arbeiten? Und ohne Bibliothek? Aber einige wichtige Bücher hatte Christa G. mitgebracht, die wurden am Boden gestapelt. Und nun: sich einen Kaffee machen und versuchen, am Roman «Paulus und Thekla» weiterzuschreiben!

Nicht nur *Villen* können reden, sondern auch Arbeitszimmer. Das Arbeitszimmer sagte: «Ich bin so froh, dass du wieder da bist, Christa. Du hast mir gefehlt. Jetzt werde ich dir wieder zu Diensten stehen – obwohl kärglich eingerichtet: mit Gartentisch, Wohnzimmerstuhl und nur einigen Büchern. Aber vielleicht gibst du mir ja bald wieder mein altes Aussehen zurück.»

Was Arbeitszimmer so sagen …

Was eine 54-jährige Frau so denkt. Sie denkt: «Wie wohl fühle ich mich immer noch in der Villa! Schon dieses Zimmers mit seiner unvergleichlichen Aussicht wegen. Man kann 120 Kilometer weit sehen; vor einem breitet sich der Neuenburger See aus, und an klaren Tagen sieht man jenseits des Sees nicht nur die Schweizer Alpen, sondern auch die französischen mit dem Mont Blanc, dem höchsten Berg Europas. Wenn ich mein Teleskop aufbaute, das sündhaft teuer war, konnte ich auf dem Mont Blanc Bergsteiger sehen. Das Teleskop ist jetzt in der Eigentumswohnung. Aber was soll es da? Um fünfzehn Meter bis zum Wald zu überbrücken, braucht man kein Teleskop; die grüne Front von Bäumen und Büschen erkennt man mit bloßem Auge.»

Mont Blanc gegen grüne Front von Bäumen und Büschen.

120 Kilometer Sicht gegen fünfzehn Meter.

Villa gegen Eigentumswohnung.

Auf einmal verlor die Eigentumswohnung an Wert. «Ich hätte nie ausziehen sollen», dachte Christa G., «mein Herz ist immer noch hier in der Villa, in meinem Arbeitszimmer.»

Wo das Herz ist, kann man an einem Roman schreiben. Auch wenn der Raum, in dem man das tut, kärglich eingerichtet ist. Christa G. hatte eine Idee für die nächste Romanszene und brachte sie zu Papier. Sie tippte immer erst hinterher ihre Texte in den Computer – beim Konzipieren war sie altmodisch: Papier und Bleistift.

In den zwei Koffern war nichts Eβbares gewesen. Und was sollte Christa G. am Abend zu sich nehmen? Sie schaute in den Kühlschrank; Männerwirtschaft, viel Vernünftiges war da nicht; sie zog eine tiefgefrorene Pizza aus dem Tiefkühlfach. Salat? Gab es natürlich nicht, sie machte eine Dose mit Erbsen und Möhren auf; passte nicht nur Pizza, aber egal.

Und schlafen? Tat Christa G. im ehelichen Doppelbett. Da rückte sie Felix ganz nahe, da war sie in seiner Intimzone. Er hätte in Japan einen Luftsprung vor Freude gemacht, wenn er das gewusst hätte. Christa G. hingegen seufzte. Sie hielt seine Anwesenheit, obwohl sie lediglich *vorgestellt* war, nur mühsam aus. «Das wird sich ändern», hätte Felix gesagt. «Wir werden uns wieder aneinander gewöhnen.»

«Mach erst einmal eine Entziehungskur», murmelte Christa G. im Halbschlaf. «Und nimmt an Gewicht ab, treib wieder Sport.»

Felix' Intimzone war auch das Badezimmer. Christa G. hatte es am Ankunftstag nicht betreten, hatte sich mit der Gästetoilette begnügt. Aber am nächsten Morgen, nach unruhig verbrachter Nacht, wollte sie duschen, und das ging nur in Felix' Badezimmer – das ja auch ihrs gewesen war. Sie betrat es. Und schaute überrascht auf den Spiegel. Dort war mit Lippenstift in groβen Buchstaben geschrieben: «Welcome home!»

EINE FRAU, DIE WEGEN FÜNF MILLIONEN Schweizer Franken aus ihrer Wohnung getrieben werden sollte, hatte diese Wohnung inzwischen tatsächlich verlassen. Sie war in die Villa ihres Ex-Ehemanns gezogen, wollte dort allerdings nur kurze Zeit bleiben. «Immerhin, ein erster Erfolg», wurde auf Seiten des Pistolenschützen registriert. «Vielleicht zieht sie wieder ganz in die Villa und verkauft die Wohnung. Dann wäre alles in Ordnung. Den Erlös aus dem Verkauf könnte sie in die Firma stecken.»

Noch war nicht alles in Ordnung. Weder für den Pistolenschützen noch für Christa G. – die viel nachdachte und mit sich kämpfte. Umso willkommener waren ihr die Lehrveranstaltungen an der Fakultät. Wenn sie die hielt, kam sie auf andere Gedanken, da tauchte sie in den Stoff ein. Der Stoff der Apokryphen-Vorlesung war jetzt: Inhaltsangabe der Akten des Paulus und der Thekla.

Paulus musste, das wissen Sie schon, aus Antiochien fliehen. Er ist nun auf dem Weg nach Ikonium. Wir befinden uns, wohlgemerkt, in Kleinasien. Begleitet wird Paulus von zwei zwielichtigen Gesellen, von Demas und dem Kupferschmied Hermogenes. Während der Reise legt Paulus ihnen mit viel Liebe das Evangelium aus. Wenn ich «Reise» sage, meine ich natürlich Fußmarsch.

Lassen Sie mich an dieser Stelle einen Exkurs einfügen. Ich möchte etwas zu den Reisebedingungen in der Antike sagen – dann werden Sie Paulus als reisenden, wandernden Missionar besser würdigen.

Christa G. hatte sich für ihren Roman über Paulus und Thekla, in dem sie die beiden als ständig unterwegs darstellen würde, ausführlich mit dem Thema «Reisebedingungen in der Antike» beschäftigt. Und ihre Erkenntnisse gab sie nun an ihre Studentinnen und Studenten weiter:

Reisen war in der Antike weitaus anstrengender als heute, und deshalb ist das Reisepensum des Paulus als solches bereits als enorme Leistung anzusehen. Die damaligen Reisebedingungen müssen zwar primitiv genannt werden, aber es darf nicht vergessen werden, dass damals ein Weltverkehr überhaupt erst möglich geworden war. Ein, zwei Jahrhunderte vorher hätte Paulus seine Reisen gar nicht unternehmen können! Erst das römische Reich, das all die vielen Landesgrenzen niedergerissen hatte, machte es möglich, dass man von der Donau bis zu den Katarakten des Nils, vom Euphrat bis Spanien, von Britannien bis Nordafrika reisen konnte. Nirgendwo wurde der Reisende aufgehalten. Nur innerhalb dieses Rahmens sind die erstaunlichen Entfernungen, die der Apostel zurückgelegt hat, überhaupt zu verstehen.

Man reiste, wann immer es ging, auf den römischen Heeresstraßen, unter dem Schutz der Soldaten. Dennoch musste man sich vor Räubern in Acht nehmen. Und buchte man eine Passage auf einem der vielen Handelsschiffe, stand man stets in der Gefahr, ein Opfer der Seeräuber zu werden. Sie hatten ihre Felsennester an den unzugänglichen Küsten Kilikiens und Kretas und unternahmen von dort aus ihre Beutezüge. Fiel man in ihre Hände oder in die Hände von Räubern zu Lande, war es sehr wahrscheinlich, dass man als Sklave verkauft wurde, es sei denn, jemand beschaffte ein Lösegeld. So wissen wir, dass die Gemeinde Karthago einmal eine Summe von 100.000 Sesterzen aufbrachte, um Christen freizukaufen, die in die Gefangenschaft numidischer Räuber geraten waren.

In der Regel wurde zu Fuß gereist. Welchen Zeitaufwand Ortswechsel dadurch erforderten, kann man sich leicht ausrechnen. Für die Strecke zwischen Athen und Thessalonich ist zum Beispiel eine Reisezeit von zweieinhalb bis dreieinhalb Wochen zu veranschlagen. Manchmal hatten Wanderer jedoch das Glück, von reisenden Kaufleuten im Wagen mitgenommen zu werden.

In einem seiner Leidenskataloge kommt Paulus auf die vielen Schwierigkeiten zu sprechen, denen er sich während seiner Reisen ausgesetzt hatte. Er schreibt in 2 Korinther 11,25-26: «Dreimal erlitt ich Schiffbruch, eine Nacht und einen Tag habe ich auf dem tiefen Meer zugebracht. Oftmals war ich auf Reisen, in Gefahren durch Flüsse, in Gefahren durch Räuber.»

Solche knappen Angaben laufen Gefahr, von uns nicht ernst genug genommen zu werden, und zwar aus einem literaturgeschichtlichen Grund: Wir kennen heute das Literatur-Genre «Leidenskatalog» nicht mehr und sind deshalb nicht darin geübt, die in einem Leidenskatalog zusammengestauchten Informationen im Geiste wieder szenisch umzusetzen. Der antike Leser war sich klar darüber, dass hier Erfahrungen in großer Verdichtung vorliegen, und er hatte keine Mühe, sie nachzuvollziehen. Wir hingegen müssen uns die Dramatik, die in den kurzen Notizen eines Leidenskatalogs steckt, erst mühsam wieder erschließen.

Bezüglich der Stelle 2 Korinther 11,25-26 kann uns bei dem Bemühen um Verständnis die Schilderung des Neutestamentlers Adolf Deissmann (1866-1937) behilflich sein. Er nahm zu Anfang 20. Jahrhunderts die Mühe auf sich, den Wegen des Paulus nachzugehen. Ich finde seinen Bericht so informativ und stimmungsvoll, dass ich ihn hier wörtlich zitieren möchte. Bedenken Sie, dass er vor etwa hundert Jahren geschrieben wurde und also das Kolorit einer anderen Zeit trägt:

«Man messe einmal die Kilometerzahl nach, die Paulus zu Wasser und zu Lande zurückgelegt hat, und versuche selbst, diesen Apostelwegen heute nachzuwandern. Man sitzt, den ordentlich visierten Pass und diplomatische Empfehlungen in der Tasche, im bequemen modernen Wagen der Anatolischen Bahn und fährt in der Abenddämmerung auf dem von Ingenieurkunst und Dynamit durch die Felsen und über die Ströme gezwungenen Schienenweg dem Ziel entgegen. Während wir, an diesem Ziel telegraphisch angemeldet, mühelos über die Passhöhe dahinfliegen, sehen wir beim letzten Schein des Tages tief unten die antike Straße schmal und steinig den Pass erklimmen, und auf dieser Straße eilen ein paar Menschen zu Fuß und zu Esel oder, wenn es hoch kommt, zu Pferd der kärglichen schmutzigen Herberge zu. Sie muss erreicht werden, ehe die Dunkelheit völlig hereinbricht, denn die Nacht ist keines Menschen Freund;

die wilden Hunde der ungastlichen Hirten stellen sich wütend in den Weg, Räuber trachten nach Barschaft, Mantel und Reittier, und die Dämonen des Fiebers drohen den Erhitzten und Ermüdeten aus der kalten Nachtluft, die bereits von den Seitentälern herniederweht. Oder man vertausche einmal das moderne Levante-Hotel und Lift und französische Speisekarte mit dem armseligen Khan auf der Passhöhe der syrischen Tore am Weg nach Antiochien und kampiere eine einzige Nacht auf dem harten Holze seiner unsauberen Pritschen, gepeinigt von übler Luft, Kälte und Ungeziefer. Oder wer auf einem großen bremischen Mittelmeerdampfer von Osten her Italien zufährt, der mag sich sagen: Der Sturm, der uns in finsterer Nach hin- und herwirft und allenfalls ein wenig seekrank macht, der aber das gewaltige Schiff von seiner Bahn nicht abdrängen kann, schleudert den kleinen Segler, der ohne Gestirn und Instrument das Spiel der Wogen ist, auf Riff oder Sandbank, und tagelang treiben die wenigen Geretteten auf den Trümmern des Wracks verschmachtend in den Wellen. Auf jener dunkel werdenden Straße haben wir Paulus gesehen, auf jenem harten Holz suchte der müde Paulus Erquickung, und Paulus war es, der auf der Schiffsplanke hin- und hertrieb, einen Tag und eine Nacht, Paulus, der schwerleidende Mann, verhungernd, verdurstend. Ich hatte das große Glück, 1906 und 1909 auf meinen zwei Studienfahrten fast allen Pauluswegen nachgehen zu dürfen; einer der nachhaltigsten Eindrücke dieser zumeist mit modernen Verkehrsmitteln gemachten Reisen ist die unsägliche Bewunderung vor der rein physischen Leistung des Wanderers Paulus, der wahrhaftig nicht grundlos sagen konnte, dass er seinen Körper mit Fäusten schlage und als Sklaven bändige.»

Der wandernde Missionar Paulus …

Die Studentinnen und Studenten hatten gebannt zugehört. Nachdem der Exkurs beendet war, entspann sich eine lebhafte Diskussion, Christa G. wurde mit Fragen zum *wandernden Missionar Paulus* überhäuft. Nur Maxim blieb stumm. Er war Christa G., während sie geredet hatte, durch sein bleiches Gesicht aufgefallen; und wie abwesend hatte er dagesessen. In der Pause fragte sie ihn, ob er ein Problem habe. Er nickte, wollte aber zunächst nicht reden. Erst als er in Christa G.s Dienstzimmer saß, brach es aus ihm heraus: «Meine Schwester Alexia ist tot!»

Christa G. zuckte zusammen, und ihr erster Gedanke war: «Hoffentlich kein Selbstmord; dann wäre ich moralisch verantwortlich.»

Es war kein Selbstmord, es war Mord. Alexia war in ihrer Wohnung erschossen worden. «Man fand in ihrem Herzen ein 9mm-Projektil», sagte Maxim. «Sie öffnete dem Mörder die Wohnungstür, und er schoss offenbar sofort. Aus nächster Nähe. Der Mord passierte mitten in der Nacht; die Nachbarn wurden durch den Knall aus dem Schlaf gerissen, aber bevor sie bei Alexia erschienen, war der Mörder über alle Berge.»

Christa G.: «Hat die Polizei eine Spur?»

Maxim: «Nein, sie tappt völlig im Dunkeln.»

Christa G. schaute auf die Uhr: «Die Pause ist vorbei, Maxim, wir müssen zurück in den Vorlesungsraum.»

Kann man, wenn man von einem Mord erfahren hat und zutiefst erschüttert ist, mit einer Vorlesung fortfahren? Man muss. Man reißt sich zusammen, und irgendwie geht es.

Paulus, Demas und der Kupferschmied Hermogenes wandern also Ikonium zu. Am Ortseingang wird Paulus bereits erwartet: von einem Mann namens Onesiphorus und seiner Familie. «Sei gegrüßt, Diener des hochgelobten Gottes», sagt Onesiphorus zu Paulus, sobald er ihn erblickt. Daraufhin Paulus: «Die Gnade sei mit dir und deinem Haus!»

Demas und Hermogenes verfolgten die Begrüßung mit Missfallen; sie wurden übergangen, Onesiphorus hatte keinen Blick für sie. Sie beklagen sich und erreichen damit eine kühle Bemerkung des Onesiphorus: «Ich sehe an euch keine Frucht der Gerechtigkeit; wenn ihr aber etwas seid, so kommt auch ihr in mein Haus und ruht euch aus.»

Damit ist der Friede einigermaßen hergestellt, und alle drei Wanderer kehren bei Onesiphorus ein. Dort kommt es sofort zu einer Hausandacht; das Abendmahl wird gefeiert und Paulus predigt. Er sagt unter anderem: «Selig sind, die das Verständnis Jesu Christi erfasst haben, denn sie werden im Lichte sein.» Wichtig ist Paulus vor allem die Botschaft von der Enthaltsamkeit und vom Auszug aus der Welt: «Selig sind die Enthaltsamen, denn Gott wird zu ihnen reden. Selig sind, die dieser Welt entsagt haben, denn sie werden Gott wohlgefallen.»

Nicht nur am Ankunftstag predigt Paulus, sondern die ganzen nächsten Tage. Viele Leute strömen in das Haus des Onesiphorus, um Paulus zu hören; vor allem Jungfrauen kommen, die Botschaft von der Enthaltsamkeit zieht sie magisch an. Die Fenster des Hauses stehen offen, man hört Paulus auch auf der Straße, man hört ihn auch im Haus gegenüber; dort sitzt eine Jungfrau namens Thekla am Fenster und lauscht und lauscht. Immer größer wird in ihr der Wunsch, Paulus auch persönlich zu sehen. Ihre Mutter und ihr Verlobter sehen die Gefahr, dass Thekla zur Nachfolgerin des Paulus werden könnte, und greifen ein. Zusammen mit den untreuen Reisebegleitern des Paulus Demas und Hermogenes wird eine Intrige ausgeheckt, Paulus kommt vor den Statthalter, wird ins Gefängnis geworfen, und dort sucht ihn Thekla auf, die den Wächter bestochen hat. Paulus wird daraufhin gegeißelt und aus der Stadt geworfen, Thekla wird zum Tod auf dem Scheiterhaufen verurteilt. Göttliches Eingreifen rettet die Jungfrau, und sie macht sich auf, Paulus hinterher. Nun sind die beiden zusammen, und ihre gemeinsame Missionstätigkeit beginnt.

Paulus und Thekla ziehen nach Antiochien; dort verliebt sich der Syrer Alexander in die Jungfrau und versucht, allerdings vergeblich, Paulus durch Geld und Geschenke dazu zu bewegen, sie ihm zu überlassen. Alexander ist ein mächtiger Mann; er gibt nicht auf und umarmt Thekla einfach auf offener Straße. Da zeigt sie, was in ihr steckt: Sie ergreift den Mann und zerreißt ihm das Obergewand, reißt ihm auch den Kranz vom Kopf und macht ihn so zum Gespött der Leute.

An dieser Stelle hielt Christa G. inne. Dieses Sich-zur-Wehr-Setzen gegen einen aggressiven Mann sei eine ihrer Lieblingsstellen in den Akten des Paulus und der Thekla, sagte sie. Thekla werde nicht als schüchternes, passives weibliches Wesen gezeichnet, auf die Hilfe eines Mannes angewiesen. Nein, sie brauche Paulus nicht, um den Aggressor von sich fernzuhalten, sie schaffe das alleine. «So ein Frauenbild gab es also im 2. Jahrhundert in christlichen Kreisen. Das *generelle* Frauenbild war anders: Frauen hatten still und schweigsam zu sein. Aber es gab eben auch Stimmen, die Frauen anders beschrieben, und auf eine solche Stimme stoßen wir beim Verfasser der Paulus-Thekla-Akten. Als feministische Theologin fasziniert mich das.»

Christa G. hatte sich inzwischen von dem Mord an Alexia weggeredet, sie war ganz und gar in den Paulus-Thekla-Stoff eingetaucht und machte mit der Inhaltsangabe weiter:

Natürlich bleibt Theklas Angriff auf Alexander nicht ungeahndet. Sie wird vor den Statthalter geführt und zum Tierkampf verurteilt. Die auf sie losgelassenen Löwen, Bären und Stiere können ihr allerdings nichts anhaben. Verwundert fragt der Statthalter sie: «Wer bist du und was hat es mit dir auf sich, dass auch nicht eines von den Tieren dich anrührt?» Thekla antwortet: «Ich bin eine Dienerin des lebendigen Gottes» und fährt fort mit einer Missionspredigt. Sie bleibt weitere acht Tage predigend in der Stadt, viele Leute bekehren sich. Von Paulus ist sie durch die turbulenten Ereignisse jedoch getrennt worden. Er befindet sich inzwischen in Myra. Sie sehnt sich nach ihm, macht sich auf den Weg und findet ihn. Paulus wohnt in Myra im Haus des Hermias; dort kehrt auch Thekla ein und predigt. Es zieht Thekla allerdings bald wieder nach Ikonium; dort sucht sie das Haus des Onesiphorus auf und ist glücklich, an dem Ort zu sein, wo sie Paulus hatte predigen hören. Anschließend geht sie zum Missionieren nach Seleukia, hat dort großen Erfolg und entschläft, so heißt es, «eines sanften Todes».

IM LEBEN EINER FRAU, die nie etwas mit Waffen zu tun gehabt hatte, spielte plötzlich eine 9mm-Pistole eine große Rolle. Mit ihr war zweimal auf sie geschossen worden; *an ihr vorbei* allerdings. War die Pistole eine SIG oder eine Beretta? Das wusste die Frau nicht. Eine SIG hatte auch im Leben ihres Ex-Ehemanns eine gewisse Rolle gespielt; als Reserve-Hauptmann der Schweizerischen Armee war er an dieser Pistole ausgebildet worden und hatte ein Exemplar dieser Waffe bei sich zu Hause im Keller aufzubewahren. Und dann noch der Mord an Alexia: verübt mit einer 9mm-Pistole. Mit einer SIG oder einer Beretta? Wohl eher mit einer SIG, die sich in Schweizer Kellern zuhaufe findet. Man meint immer, die USA seien das Land mit den meisten Handfeuerwaffen in Privatbesitz. Aber vielleicht ist es die Schweiz – wegen ihres Militärapparats, der als Miliz-System aufgebaut ist. Einfache Soldaten haben ein Gewehr im Keller, Offiziere eine Pistole; so ist gewährleistet, dass die Schweizerische Armee in kürzester Zeit einsatzbereit ist.

Eine Pistole im Keller …

Aber in der Villa, in der Christa G. vorübergehend wohnte, fehlte sie; sie war gestohlen worden.

In der Villa, in der Christa G. vorübergehend wohnte, fehlte auch der Mann. Nachts hätte sich Christa G. gern an ihn geschmiegt. Besonders, wenn sie aus einem schlechten Traum erwachte. Als Feministin immer noch Schutz bei einem Mann suchen? Christa G., raff dich auf, werde wie Thekla! Die hat, als sie von dem Syrer Alexander bedrängt wurde, ihre Verteidigung selber in die Hand genommen; ihren Begleiter Paulus brauchte sie nicht. Und du, Christa G., brauchst keinen Felix, wenn es mitten in der Nacht an der Haustür klingelt. Vorsorglich nimmst du die SIG mit; die war nicht im Keller, war auch gar nicht gestohlen, sondern lag in der Nachttischschublade. Für alle Fälle. Und jetzt ist der Fall da. Du hast, als du zur Haustür gehst, die SIG in der Hand. Du bist, anders als Alexia, bewaffnet. Du brauchst keine Ausbildung an der Pistole, du beherrscht die Waffe auch so. Als du die Tür öffnest, trifft schussbereite SIG auf schussbereite SIG. Du bist schneller, du drückst als Erste ab.

So ist es, wenn man in der Vorlesung über Thekla gesprochen hat. Über Thekla und den Syrer Alexander. Man ist plötzlich wie Thekla. Genauso furchtlos. Genauso entschlossen. Und der Traum, der das Zeug hatte, ein Alptraum zu werden, wird keiner. Man wird in diesem Traum nicht erschossen, man erschießt selber. Man wacht auch nicht schweißgebadet auf; man wacht verwirrt auf, das wohl; aber mit dem Gefühl, Siegerin zu sein. Und nicht Opfer.

Und wenn in der Nacht tatsächlich etwas passiert ist? Etwas mit der Pistole, der SIG? – Christa G. saß am Frühstückstisch, und es fehlte Marmelade. Bei Marmelade war Christa G. immer sehr anspruchsvoll gewesen; gekaufte Marmelade hatte ihr nie geschmeckt, sie hatte ihre Marmelade selber gemacht und nach Großmutterart eingekocht. Im Keller mussten noch Einmachgläser mit Brombeermarmelade sein.

Christa G. ging nach unten. Schon auf der Treppe sah sie, dass eingebrochen worden war: an einem der Kellerfenster war die Scheibe eingeschlagen.

Aber die SIG war doch schon geklaut!

Christa G., schau in dem Schrank nach, in dem die Pistole aufbewahrt worden war, und du wirst eine Überraschung erleben.

Die Pistole war wieder da; sie war zurückgebracht worden. Christa G. machte nicht den Fehler, sie anzurühren. Sie wollte sie von ihren eigenen Fingerabdrücken frei halten.

Christa G. rief nicht die Militärpolizei an, deren Nummer hatte sie auch gar nicht. Sie rief die Kantonspolizei an.

Ein Einbruch, bei dem etwas *gebracht* wird; nicht ein Einbruch, bei dem etwas *gestohlen* wird. So etwas hatte der Polizist – jener, den Christa G. von den Schüssen bei sich zu Hause kannte – noch nicht erlebt. Verwundert schüttelte er den Kopf. Und zornig war er: «Die Kollegen von der Militärpolizei hätten uns von dem Diebstahl der Pistole informieren sollen. Wir hätten den Diebstahl sofort mit den Schüssen auf Sie in Verbindung gebracht.»

Dieses In-Verbindung-Bringen konnte man jetzt vornehmen. Nach der kriminaltechnischen Untersuchung der Waffe. Was erbrachte sie? Christa G. ließ sich am Telefon informieren.

Die SIG ihres Ex-Ehemanns Felix war es tatsächlich gewesen, mit der auf Christa G. geschossen worden war. «Und wir haben nur die Fingerabdrücke Ihres Ex-Mannes auf der Pistole gefunden, keine anderen.»

Christa G.: «Aber Sie kennen die Fingerabdrücke meines Ex-Mannes doch gar nicht.»

Der Polizist lachte am Telefon: «Sie wissen nicht, was heute technisch möglich ist. Wir *haben* die Fingerabdrücke. Sie wurden Ihrem Ex-Mann von den japanischen Kollegen abgenommen und uns übermittelt.»

Christa G.: «Aber Felix hat nicht auf mich geschossen!»

Der Polizist: «Das habe ich auch nicht behauptet. Tatsache ist jedoch, dass nur seine Fingerabdrücke auf der Waffe sind. Natürlich kann man sagen, der Täter habe Handschuhe getragen, und so wird es wohl gewesen sein. Trotzdem die Frage: Hätte Ihr Mann ein Motiv gehabt, Ihnen durch die beiden Schüsse Ihre Eigentumswohnung zu verleiden? Sie aus ihr herauszutreiben? Immerhin wohnen Sie jetzt wieder in der ehemals ehelichen Villa – Ihr Ex-Ehemann hätte also sein Ziel erreicht.»

Christa G.: «Nein, nein, Felix hat nicht geschossen, ganz bestimmt nicht.»

Der Polizist: «Enttäuschte Liebhaber und enttäuschte Ehemänner sind zu allem fähig.»

Christa G.: «Zur Tatzeit des zweiten Schusses hielt sich Felix in Japan auf.»

Der Polizist: «Das heißt nicht viel. Er könnte jemanden beauftragt haben. Dieser Jemand hätte dann auch die Pistole zurückgebracht.»

Christa G.: «Und warum zurückgebracht?»
Schweigen am anderen Ende der Leitung. Der Polizist hatte keine Antwort.

Da machte in einem Telefongespräch ein Polizist einer Ex-Ehefrau, die inzwischen festgestellt hatte, dass sie sich zu ihrem Ex-Ehemann immer noch hingezogen fühlte, diesen Ex-Ehemann verdächtig. Verdächtig, auf sie geschossen zu haben. *An ihr vorbei* allerdings. Erster Schuss: Felix selber war der Schütze gewesen; der korpulente Mann, den Christa G. im Mündungsfeuer gesehen hatte, konnte das nicht Felix gewesen sein? Zweiter Schuss: abgegeben von einem beauftragten Schützen; kein bezahlter *Killer* war am Werk gewesen, das nicht; aber ein Schütze, der terrorisieren sollte. Der Christa G. endgültig zurück in die eheliche Villa treiben sollte – wo ein «Welcome home» am Badezimmerspiegel auf sie wartete. Zu dieser Rekonstruktion passte auch der Sand auf dem Schreibtisch: Felix hatte ja einen Wohnungsschlüssel gehabt. *Hatte gehabt* – denn das Schloss war inzwischen ausgewechselt.

Christa G. war während des Telefongesprächs mit dem Polizisten Gift eingeflößt worden. Das kreiste jetzt im Blut. Auch vor ihren Augen gab es ein Kreisen, nichts war mehr stabil in der Villa, Christa G. musste sich lang auf die Couch legen, den Hörer hatte sie immer noch am Ohr. «Ist die SIG meines Ex-Mannes auch jene Pistole, mit der Alexia erschossen wurde?», fragte sie.

Der Polizist: «Sie wissen von diesem Mord?»

Christa G.: «Alexias Bruder Maxim hat mir alles erzählt.»

Der Polizist: «Nein, die SIG Ihres Ex-Mannes ist nicht die Tatwaffe. Alexia ist mit einer anderen 9mm-Pistole erschossen worden, das zeigt die Untersuchung des Projektils mit Eindeutigkeit.»

Christa G.: «Sie sagten seinerzeit, als wir über Maxims und Alexias Eltern sprachen, und zwar im Zusammenhang mit jenem Droh- oder Warnbrief, den ich erhalten habe, dass Sie bezüglich dieser Leute etwas unternehmen wollten. Gibt es inzwischen Ergebnisse?»

Der Polizist: «Nein, gibt es noch nicht.»

Und die fünf Millionen Schweizer Franken, die auch zu der Geschichte, die mit Christa G. ablief, gehörten – warum hatten die in dem Gespräch mit dem Polizisten keine Rolle gespielt? Weil sie noch sehr weit weg waren, ganz am Rande der Geschichte. Aber sie sollten allmählich näher rücken …

Wenn es nach dem Pistolenschützen gegangen wäre, hätte sich Christa G. zu dem Makler, über den sie ihre Eigentumswohnung erworben hatte, begeben, um den Verkauf einzuleiten. Aber sie begab sich zu dem Makler nur, um eine Auskunft einzuholen. Sie musste im Vorzimmer einige Zeit warten, sie kam unangemeldet. Aber dann saß sie in einem schweren Ledersessel einem schweren Mann an einem schweren Schreibtisch gegenüber. Alles roch hier nach Geld. Wiederverkauf der Wohnung? Auch das würde dem Mann wieder Geld einbringen. Aber um einen Wiederverkauf ging es ja nicht …

Geld, viel Geld. Christa G. kam den fünf Millionen Schweizer Franken näher, aber das wusste sie nicht. *Was* sie wusste, war, dass ihr seinerzeit, als sie die Wohnung kaufte, nicht alle Schlüssel ausgehändigt worden waren. In wessen Hand hatte sich noch ein Schlüssel befunden?

Der Makler war erstaunt. Er war auch nervös, er trommelte mit den Fingern auf die Schreibtischplatte.

«Die Sache ist nicht mehr wichtig», sagte Christa G., «ich habe das Türschloss auswechseln lassen. Aber ich möchte doch wissen, wer außer der Vorbesitzerin noch einen Schlüssel hatte.» Von dem nächtlichen Besuch, der ihr Sand auf dem Schreibtisch eingebracht hatte, erzählte sie nichts. Sie log sich etwas zusammen: dass sich eines Nachts jemand mit einem Schlüssel an ihrer Wohnungstür zu schaffen gemacht habe, sie die Person aber verscheucht habe.

«Schlüssel, Schlüssel», murmelte der Makler. «Wer könnte außer den Erben noch einen Schlüssel gehabt haben? Sie wissen, dass der Verkauf Hals über Kopf stattfinden musste. Die Erben, beide pleite, wollten schnell an Geld kommen.»

Christa G. kannte die Hintergründe des Verkaufs der Wohnung nicht. Sie wusste nur, dass es ein Notverkauf gewesen war; dass die Vorbesitzerin tot war und ihre Erben dringend Geld brauchten – deshalb war die Wohnung auch verhältnismäßig billig gewesen, Christa G. hatte nicht lange verhandeln müssen; und das Geld, das ihr Mann ihr im Rahmen der Besitzaufteilung ausgezahlt hatte, hatte bequem für den Erwerb der Wohnung gereicht; einen nicht geringen Rest hatte Christa G. in Wertpapiere gesteckt.

Wie Christa G. nun dem Makler gegenübersaß, all die merkwürdigen Geschehnisse um die Wohnung hinter sich, wollte sie die ganze Geschichte über die Wohnung hören. Bis in die Details.

Die Wohnung hatte einer geschiedenen Frau gehört, die zwei Söhne hatte. «Nicht ganz durchschaubare Familienverhältnisse», sagte der Makler. «Die Frau war ein einfaches Gesicht; woher sie das Geld für die Eigentumswohnung hatte, ist mir unklar. Die Scheidung kann ihr jedenfalls nicht viel eingebracht haben, der Ehemann war ein Herumtreiber.»

Christa G.: «Und die Söhne? Die seien pleite, haben Sie angedeutet.»

Der Makler: «Gescheiterte Geschäftsleute; sie wollten zusammen eine Firma aufbauen, hat aber nicht geklappt.»

Christa G.: «Und dann der Tod der Frau. Kam er überraschend?»

Der Makler: «Es war ein Unfalltod. Wie er jeden jederzeit treffen kann, auch Sie und mich. Die Frau überquerte in einem Vorort von Neuenburg eine viel befahrene Durchgangsstraße. Sie tat das vorschriftsmäßig an einem Fußgängerübergang mit Ampel bei grünem Licht. Trotzdem wurde sie von einem Auto erfasst, das mit hoher Geschwindigkeit den Fußgängerübergang passierte – obwohl für den Fahrer rot war. Das Auto war, so sagten die Zeugen aus, ein Ferrari mit italienischem Kennzeichen. Der Fahrer beging Fahrerflucht und wurde nie gefasst.»

Der Makler sah, dass Christa G. bleich geworden war, und ließ seine Sekretärin zwei Kaffee bringen. Als Christa G. in der Tasse rührte und dann den ersten

Schluck trank, stabilisierte sie sich wieder. Sie war über den Bericht sehr erschrocken gewesen. So nahe leben wir am Abgrund! Auch sie selber, Christa G., hatte sich am Abgrund befunden. Einen Meter daneben. Und jetzt beim Kaffee erzählte sie dem Makler alles, was sich zugetragen hatte. Der Mann hörte genau zu. «Ja, wer könnte außer den Erben einen Schlüssel gehabt haben?», fragte er noch einmal. «Wer war für die Frau Vertrauensperson gewesen, die es verdiente, einen Wohnungsschlüssel zu bekommen?»

Christa G.: «Sollte man die Erben, die beiden Söhne, befragen? Was meinen Sie?»

Der Makler: «Keine schlechte Idee. Soll ich das übernehmen?»

Christa G.: «Nein, ich mache es lieber selber. Ich kenne die beiden ja vom Notariatstermin her, als mir die Wohnung überschrieben wurde.»

Wenn ein wütender, bellender Schäferhund hochspringt, ist man froh, wenn er das an einem Zaun tut und nicht an der eigenen Person. Er tat das an einem als Zaun gefertigten Tor auf einem Schrottplatz, und man selber konnte so nahe an das Tier herantreten, dass man seinen heißen, stinkenden Atem spürte.

Endlich schlurfte ein Mann heran und fragte Christa G. mürrisch, was sie wolle; erst nach der Frage erkannte er die Frau; er wurde eine Spur freundlicher und herrschte den Hund an, ruhig zu sein; das Tor öffnete er allerdings nicht.

«Mein Bruder und ich haben mit dem Geld aus der Wohnung diesen Schrottplatz gekauft», sagte er. «Zweiter Versuch, eine Firma zu gründen. Wir brauchen jetzt einen Dritten im Bunde, einen Investor. Fünf Millionen müssten in diesen schrottreifen Schrottplatz gesteckt werden – dann können wir eine Schrottverwertungs- und Recyclinganlage nach modernsten Erkenntnissen aufbauen.»

Fünf Millionen, wieder diese Summe. Aber sie löste bei Christa G. kein Nachdenken aus. Trotzdem möchte man der Frau raten: «Bleib, bevor du deine Frage nach dem Schlüssel stellst, noch einen Moment bei dem, was der Mann erzählt hat. Auch die Höflichkeit gebietet es, auf ihn einzugehen.»

Christa G. war eine höfliche Frau. Sie fragte: «Und – haben Sie bereits einen Investor gefunden?»

Der Mann, ausweichend: «Wir sind mit jemandem im Gespräch.»

Nun die Sache mit dem Schlüssel. Nein, der Mann hatte keine Ahnung, wem seine Mutter einen Schlüssel gegeben hatte.

Christa G.: «Hatte Ihre Mutter einen Freund?»

Der Mann: «Allerdings, den hatte sie. Einen Nichtsnutz, eine fette Sau. Er saß auch im Gefängnis; wegen einer Entführung; die Haftstrafe ist inzwischen abgelaufen. Und mehr kann ich Ihnen nicht sagen, mehr weiß ich nicht; entschuldigen Sie, aber ich muss zurück zu meiner Arbeit.»

«Den Namen, sagen Sie mir noch den Namen des Mannes!», bat Christa G.

Der Schrottplatzbesitzer, schon im Aufbruch, drehte den Kopf über die Schulter und rief Christa G. zu: «Silvio heiβt der Mann, der Nachname ist mir entfallen. Er war lang und kompliziert, ein italienischer Name.»

WAS WEIβ MAN EIGENTLICH von Apollos? Was berichtet das Neue Testament über ihn? Er stammte aus Alexandrien und war ein urchristlicher Missionar wie Paulus. Bildungsmäβig war er ihm überlegen; er muss in Alexandrien, der berühmtesten - wir würden heute sagen: *Universitätsstadt* der Antike, eine hervorragende Ausbildung erhalten haben. Die Apostelgeschichte des Lukas sagt in Kapitel 18, dass er redegewandt und schriftkundig war und mit glühender Begeisterung lehrte. In der Gemeinde von Korinth, die Paulus gegründet hatte, predigte er mit groβem Erfolg; die Herzen flogen ihm zu.

Wie reagierte Paulus? Gekränkt und neidisch. Er konnte Apollos nichts vorwerfen, der war kein Irrlehrer. Wie also gegen Apollos vorgehen, wie den ersten Platz in Korinth zurückgewinnen? Paulus führt am Anfang seines ersten Korintherbriefs einen Eiertanz auf; er greift Apollos nicht direkt an, aber er schreibt, *er*, Paulus, sei in Korinth der kundige Baumeister gewesen, der den Grund gelegt habe; der Weiterbauende, also Apollos, sei nichts als ein Diener, stehe also im Rang Paulus weit nach.

Die menschlichen Seiten des groβen Apostels Paulus …

Der Mann war wie wir, irgendwie tröstlich. Hüten wir uns, aus ihm einen moralischen Helden zu machen.

Christa G. saβ in der Villa ihres Ex-Ehemannes an ihrem provisorischen Schreibtisch und dachte nach. Sie wollte die nächste Szene ihres Paulus-Thekla-Romans schreiben, und da sollte Apollos vorkommen. Ein Zusammentreffen zwischen Paulus und Apollos in Korinth sollte stattfinden, Thekla mit dabei. Wie würde sich die Anwesenheit der Frau auswirken? Welchen Einfluss würde Thekla auf den gekränkten, neidischen Paulus ausüben? Von einer starken, selbständigen Frau konnte man erwarten, dass sie Paulus, wenn es sein musste, korrigierte. Keiner seiner männlichen Mitarbeiter hatte das je gewagt. Ein spannender Schreibabend bahnte sich an. Schreiben kann so aufregend wie Lesen sein: der Schriftsteller will wissen, wie die Geschichte weitergeht, und das erfährt er nur, wenn er sie schreibt.

Christa G. lieβ ihren Blick über den See bis zu den Alpen wandern, die im Schein der untergehenden Sonne rötlich glänzten, und dachte weiterhin intensiv nach.

Alles also friedlich in der Villa und im Arbeitszimmer? Nicht ganz. Auf Christa G.s Schreibtisch lag die SIG. Christa G. hatte sich bei der Polizei erkundigt: «Darf ich mich gegebenenfalls mit der Pistole in der Hand verteidigen?» - «Aber selbstverständlich dürfen Sie das, da gilt der Notwehrparagraph. Selbst wenn Sie in Notwehr jemanden erschieβen, bleiben Sie straffrei.»

So weit war es also gekommen, eine Professorin für Neues Testament und Schriftstellerin hatte auf ihrem Schreibtisch die schwere schweizerische Armeepistole liegen. Geladen, aber noch nicht *durch*geladen. Christa G. wusste allerdings inzwischen, wie man das macht: eine Pistole durchladen; man hatte es ihr bei der Polizei gezeigt.

Paulus und Apollos in Korinth also, Thekla mit dabei …

«Du kommst nicht allein, Paulus, du bringst eine Frau mit?» Stephanas ließ seine Augen verwundert von Paulus zu Thekla wandern: «Wer du auch bist, Schwester, sei willkommen. Hier in Korinth ist ein Gefährte oder auch eine Gefährtin unseres Apostels Paulus immer ein gern gesehener Gast. Eine *Gefährtin* bringt Paulus allerdings zum ersten Mal mit.»

Paulus, in dessen Gesicht eine leichte Röte gestiegen war, stellte Thekla vor, und Stephanas versicherte noch einmal, dass er sich über ihren Besuch sehr freue.

Stephanas war der Leiter der korinthischen Gemeinde. Paulus hatte ihn liebevoll seine «Erstlingsfrucht von Achaia» genannt, und als erster Bekehrter war er ganz natürlich in das Amt des Leiters hineingewachsen. Die Gemeinde traf sich in seinem Haus, Stephanas stellte es großzügig zur Verfügung. Es war geräumig, bot für alle Platz. Es war schön, mit Innenhof, mit Brunnen, Stephanas war nicht unbegütert, er verdiente als Stadtschreiber genügend Geld.

Stephanas hatte an diesem Spätsommertag den ganzen Nachmittag vor dem Haus nach Paulus Ausschau gehalten. Paulus war durch einen Brief, den Timotheus überbracht hatte, angekündigt. Stephanas wollte vermeiden, dass Paulus sofort ins Haus eintrat; er sollte vielmehr im Innenhof empfangen werden und erst eintreten, nachdem ihm eine unangenehme Mitteilung gemacht worden war. *Vorbereitet* sollte er eintreten. Vorbereitet auf Apollos, der ebenfalls Gast der Gemeinde war, schon seit einigen Tagen, und der wiederum zeigte, mit welcher Begeisterung er predigen konnte.

Stephanas, Paulus und Thekla also im Innenhof, immer noch, und auch Stephanas' Frau Lydia kam jetzt, zwei Becher in der Hand. Sie begrüßte Paulus und Thekla, schöpfte Wasser aus dem Brunnen und reichte den beiden den erfrischenden Trank: «Ihr seid sicher durstig von der Wanderung.»

Ja, das waren Paulus und Thekla, sie tranken ihre Becher in einem Zug leer. Und jetzt endlich musste Stephanas mit der Sprache herausrücken. Er druckste herum, wusste nicht, wie er anfangen sollte. Da sprang Lydia ein. «Paulus», sagte sie, «du musst wissen, dass wir noch einen anderen Gast haben, den Bruder Apollos. Ich hoffe, das stört dich nicht. Apollos freut sich im Übrigen, dich endlich kennenzulernen.»

Man hätte Paulus auch sagen können, das Jüngste Gericht beginne in wenigen Minuten und er gehöre zu den Verworfenen – der Effekt wäre derselbe gewesen: der Apostel wurde weiß wie eine getünchte Wand. Thekla blieb ungerührt, sie wusste ja nicht, wie sehr sich Paulus an Apollos rieb; Paulus hatte ihr nie von diesem Missionar erzählt.

Und wenn wirklich Jüngstes Gericht wäre, was geschähe dann mit Paulus? «Wir alle müssen vor dem Richterstuhl Christi offenbar werden, damit ein jeder für das empfange, was er während des Lebens vollbrachte, es sei gut oder böse.»

Verfasser der Zeilen: Paulus. In seinem zweiten Brief an die Korinther, Kapitel 5. Frage des Richters Jesus Christus an Paulus: «War es gut oder böse von dir, Apollos gegenüber, einem tüchtigen Missionar, eifersüchtig gewesen zu sein?»

Was antwortet man da? Man antwortet gar nicht, man verstummt. Man senkt schuldbewusst den Blick.

Noch einmal Paulus als Briefschreiber, 1 Korinther 4: «Ich bin mir zwar keiner Schuld bewusst, aber damit bin ich noch nicht gerechtfertigt. Es ist vielmehr der Herr, der über mich das Urteil fällt.» Nein, Paulus, du warst dir Apollos gegenüber keiner Schuld bewusst. Aber jetzt, im Jüngsten Gericht, holen dich deine eigenen Worte ein. Jesus Christus fällt das Urteil: «Schuldig!»

Paulus im Jüngsten Gericht, wie er verstummt. Wie er keine große Klappe mehr hat, anders als beim Briefschreiben.

Oder aber: Thekla veranstaltet ein *vorgezogenes* Jüngstes Gericht. Sie ist dann Richterin an Christi statt. *Sie* spricht Paulus schuldig. Dadurch hat er die Chance, sich zu ändern und im tatsächlichen Jüngsten Gericht zu bestehen.

Kann man Thekla so viel Format zutrauen? Das Format, Richterin über Paulus an Christi statt zu sein?

Christa G. an ihrem provisorischen Schreibtisch, die Pistole neben sich, draußen war es inzwischen dunkel, die Gardinen waren nicht zugezogen, die Außenstore war nicht herabgelassen – Christa G. beschloss, Thekla ganz, ganz stark zu machen. Ja, sie sollte Richterin werden, Richterin über den arroganten Paulus. Aber in dem Moment, als der erste Satz zu Thekla als Richterin geschrieben werden sollte, klingelte es an der Haustür. Christa G. schreckte zusammen. Die Villa lag abseits von anderen Häusern, es gab keine unmittelbaren Nachbarn. Wer konnte jetzt am Abend noch kommen? Wollte die Person zu Felix oder zu ihr? Aber niemand wusste, dass sie, Christa G., in der Villa war.

Niemand wusste es? Du täuschst dich, liebe Professorin und Schriftstellerin. Du wirst ganz genau beobachtet. Von dem, der mit der Pistole schoss, zu der du jetzt greifen wirst.

Ja, Christa G. griff zu der Pistole und lud sie durch. Sie ging, die Waffe in der Hand, zur Haustür, öffnete sie aber nicht, sondern rief: «Wer ist da?»

Keine Antwort.

Noch einmal: «Wer ist da?»

Wieder keine Antwort.

Christa G. wartete noch ein, zwei Minuten, dann ging sie zurück ins Arbeitszimmer. Sie hatte keine Angst verspürt, hatte auch keine Angst, als sie wieder am Schreibtisch saß – jetzt allerdings bei herabgelassener Außenstore. Angst haben – keine Angst haben, eine Pistole macht den Unterschied. Christa G. strich über den kühlen Stahl, fast liebevoll tat sie das. Sie würde die Pistole nachher, wenn sie zu Bett ging, neben sich auf das Nachtschränkchen legen.

Und Thekla als Richterin über Paulus? Christa G. versuchte zu schreiben, aber es ging nicht mehr.

Thekla als Richterin über Paulus, nächster Schreibabend, jetzt ging es wieder. Die Pistole lag erneut auf dem Schreibtisch. Die Gardinen waren zugezogen, die Außenstore war herabgelassen.

Paulus hatte Thekla nie von Apollos erzählt, aber jetzt musste er es tun. Im Beisein von Stephanas und Lydia.

«Apollos, weißt du …», begann er. Nun druckste *er* herum, und wieder sprang Lydia ein. «Apollos ist ein Missionar wie Paulus», sagte sie zu Thekla. «Er stammt aus Alexandrien und ist hochgebildet, redegewandt und schriftkundig.»

Paulus, aufgebracht und wieder mit Farbe im Gesicht: «Ich verachte hohe Bildung! Habe ich euch in Korinth nicht geschrieben, was ich von Weisheit halte? Was die Schriften des Alten Bundes darüber sagen? Lydia, hol meinen ersten Brief an euch und lies vor!»

Befehle erteilen, das konnte Paulus gut. Das tat er ständig. Lydia schickte sich an zu gehen, aber Thekla griff ein. Mit Thekla redete Paulus nie im Befehlston, das war nicht möglich, Thekla hätte sich nie von Paulus etwas befehlen lassen. Und sie ertrug es auch nicht, dass Paulus einer anderen Frau etwa befahl. «Paulus, du musst Lydia *bitten*, den Brief zu holen», sagte sie. «Ich habe deinen ersten Brief an die Korinther in Abschrift gelesen, und dort schreibst du, du seiest ein *Diener Christi*. Ein Diener befiehlt nicht, ein Diener bittet. Oder täusche ich mich da, Paulus?»

Das hat man davon, wenn man als Apostel, dem von seinen Mitarbeitern nie widersprochen wird, mit einer Frau zusammen unterwegs ist. Die widerspricht. Sie bleibt freundlich, sie lächelt Paulus an, aber sie widerspricht. Lydia hatte, als sie den Befehl erhielt, die Augen gesenkt. Aber jetzt hob sie sie wieder. Von Thekla gab es etwas zu lernen!

Und Paulus? Der war mit seiner Befehlerei abgefertigt, wenigstens für den Augenblick. Ja, er *bat* Lydia. Er sagte: «Lydia, könntest du bitte meinen ersten Brief an euch holen und vorlesen, was ich euch dort zur Weisheit geschrieben habe?»

So war die Sache in Ordnung. Lydia verschwand im Haus und kam nach einigen Augenblicken mit dem Brief zurück. Sie kannte ihn genau, hatte ihn mehrfach gelesen und fand ohne Mühe die entsprechende Stelle.

«Du zitierst zunächst die Schriften des Alten Bundes, Paulus», sagte sie, «und dann ziehst du daraus deine Schlüsse. Also: Vernichten will ich, so spricht Gott, die Weisheit der Weisen und die Klugheit der Klugen beiseiteschieben. Wo ist ein Weiser, wo ein Schriftgelehrter, wo ein Wortfechter dieser Welt? Hat Gott nicht die Weisheit der Welt als Torheit erwiesen? Gott hat es für gut befunden, durch die Torheit der Predigt jene zu retten, die da glauben.»

Paulus, laut und eifrig: «*Torheit der Predigt*, habt ihr das gehört? Das Evangelium muss töricht gepredigt werden, nicht weise. Lydia, lies die Stelle …» Er korrigierte sich: «Lydia, könntest du bitte die Stelle lesen, wo ich meine Ankunft bei euch in Korinth beschreibe? Sie folgt wenig später auf das, was du bereits gelesen hast.»

Lydia fand auch diese Stelle ohne Mühe: «Ich bin, als ich zu euch kam, Brüder, nicht gekommen, um euch mit überwältigender Beredsamkeit oder Weisheit das Zeugnis Gottes zu verkünden. Ich hatte mir nämlich vorgenommen, unter euch nichts anderes zu kennen als Jesus Christus, und zwar den Gekreuzigten. Zudem bin ich in Schwachheit, Furcht und Zittern unter euch aufgetreten. Mein Wort und meine Verkündigung geschahen nicht in gewinnenden Weisheitsworten, sondern im Erweis von Geist und Kraft.»

Endlich sagte auch Stephanas etwas. Ganz vorsichtig tat er das: «Paulus, auch Apollos predigt Jesus Christus als den Gekreuzigten. Er trägt keine Weltweisheit vor. Und wenn du sagst, dass von deinen Worten Geist und Kraft ausgehen, dann halte ich dagegen: von den Worten des Apollos gilt das auch.»

Das war ja schon fast eine Revolution! Dem Apostel Paulus schwankte der Boden unter den Füßen; er setzte sich auf den Brunnenrand, die anderen drei blieben stehen, im Halbkreis um ihn herum. So ist das, wenn man seine Autorität verliert. Fehlte nur noch, dass Lydia in den Chor einstimmte.

Ja, Lydia, stimm ein! Höhle die Autorität des Paulus weiter aus! Mit Thekla an deiner Seite bist du dazu fähig!

Lydia, auch sie jetzt im Revolutionsmodus: «Paulus, ich glaube, du solltest deine Einstellung zu Apollos ändern. Du solltest in ihm nicht länger einen Konkurrenten sehen, auf den du eifersüchtig bist, weil er hier bei uns in Korinth viel Erfolg hat, sondern du solltest dich über ihn *freuen*: weil auch durch ihn das Evangelium verbreitet wird.»

Wenn innerhalb von wenigen Augenblicken aus einem mächtigen Apostel ein zerknirschter Sünder wird …

Paulus saß noch immer auf dem Brunnenrand, ein Häufchen Elend, den Kopf nach unten gesenkt. Thekla legte ihm die Hand auf die Schulter. «Wir alle mögen dich», sagte sie. «Du gibst uns unendlich viel, du bist dem Herrn so nahe. Aber heute ist ein Tag, wo der Herr dich tadelt; du musst, wie Lydia gesagt hat, deine Einstellung zu Apollos ändern. Wir gehen jetzt alle vier zusammen ins Haus, und du wirst Apollos den Bruderkuss geben und ihn umarmen. Und nun erheb dich, Paulus, der Friede unseres Herrn Jesus Christus sei mit dir.»

MIT THEKLA AN SEINER SEITE HÄTTE Paulus beim Streit in Antiochien einen besseren Stand gehabt …

Wie war es überhaupt zu diesem Streit gekommen und worum ging es? – Paulus war von Barnabas, einem der Gründer der Gemeinde Antiochiens, in diese Gemeinde geholt worden. Antiochien, die Hauptstadt Syriens, war mit einer halben Million Einwohnern nach Rom und Alexandrien die drittgrößte Stadt des römischen Imperiums. Paulus und Barnabas unternahmen von der Basis Antiochien aus Missionsreisen, auf denen viel Abenteuerliches passierte und die sehr erfolgreich waren; viele Menschen bekehrten sich. Doch es blieb nicht so harmonisch, Paulus geriet in Streit mit den Uraposteln in Jerusalem. Er verkündigte ein gesetzesfreies Evangelium: Wer sich aus der Welt der Heiden Jesus Christus anschließen wollte, musste nicht etwa das jüdische Gesetz halten und sich beschneiden lassen. Für die Jerusalemer allerdings sah die Sache anders aus: Ein Heide musste zunächst in das jüdische Gottesvolk eingepflanzt werden (durch Beschneidung und Beobachtung des Gesetzes), und der Glaube an Jesus Christus kam dann noch dazu. Zwei verschiedene Konzeptionen vor Christsein! Man beschloss, die Angelegenheit auf einer Konferenz in Jerusalem zu klären. Sie ließ sich aber nicht klären. Ergebnis der Diskussion war, dass man die Missionsfelder teilte: Paulus durfte in der Heidenwelt so weitermachen wie bisher und die Jerusalemer wandten sich den Juden zu. «Guter Kompromiss», ist man geneigt zu sagen, aber dieser Kompromiss hatte seine Tücken. Er berücksichtigte nämlich nicht die Situation in gemischten Gemeinden: Juden- und Heidenchristen in ein und derselben Gemeinde. Solch eine Gemeinde war Antiochien, und dort kam es zum Knall. Die dortigen Judenchristen hatten mit ihren heidenchristlichen Geschwistern Tischgemeinschaft und aßen dabei auch Speisen, die ein frommer Jude keineswegs essen durfte, also etwa Schweine- oder Hasenfleisch. Damit befanden sie sich auf der Linie des Paulus, der lehrte, dass die Einhaltung des jüdischen Ritualgesetzes für die an Christus Glaubenden nicht länger Voraussetzung für das Heil sei.

Das Miteinander beider Gruppen in der Gemeinde war so lange unproblematisch, wie keiner der Jerusalemer Urapostel auftauchte. Dann kam freilich Petrus in die Gemeinde. Aber auch jetzt gab es noch keine Probleme, denn Petrus war von dem blühenden Leben in der Gemeinde begeistert und vergaß alle Bedenken, die ihm seine theologische Position eigentlich hätte vorschreiben müssen: Er aß mit den Heidenchristen zusammen und bestätigte damit die antiochenische Praxis.

Dann tauchten jedoch weitere Autoritäten aus Jerusalem auf. Und sie griffen die Sitten in Antiochien an. Petrus schlug sich nun auf die Seite seiner Kollegen aus Jerusalem, er gab die gemeinsamen Mahlzeiten mit den Heidenchristen auf. Paulus warf ihm daraufhin Heuchelei vor. Er reagierte vor allem deshalb so erregt, weil er hier einen Angriff auf die Einheit des Leibes Christi sah. Doch die

Gemeinde hörte nicht auf ihn, und selbst Barnabas beugte sich den Jerusalemer Autoritäten.

Paulus verließ daraufhin Antiochien und begann auf eigene Faust zu missionieren.

Christa G. saß in ihrem Arbeitszimmer in der Villa am Schreibtisch, es war wieder Abend, und sie wollte in der nächsten Romanszene Thekla zur Mitkämpferin des Paulus für ein gesetzesfreies Evangelium machen. Paulus war in Antiochien nicht allein! Mit Thekla zusammen würde das Plädoyer für ein Evangelium ohne Beschneidung und ohne Beobachtung des jüdischen Gesetzes noch viel energischer vorgetragen werden! Und schließlich hat das gesetzesfreie Evangelium historisch ja gesiegt: heutige Christen lassen sich nicht beschneiden und halten das jüdische Gesetz nicht. Die streng jüdische Spielart des Christentums verkrustete schon im zweiten Jahrhundert zu einer unbedeutenden Sekte. Paulus vertrat damals die richtige Position. *Paulus und Thekla* vertraten sie.

Die Außenstore des Arbeitszimmers war wieder herabgelassen, auf dem Schreibtisch lag wieder die Pistole. Und was geschah an der Haustür? Da klingelte es wieder.

Christa G. handelte wie am Abend zuvor: die Pistole nehmen, sie durchladen, mit der Waffe in der Hand zur Haustür gehen und rufen: «Wer ist da?»

Diesmal kam eine Antwort. Mit leiser, niedergeschlagener Stimme kam sie: «Öffnen Sie bitte; ich bin's, Maxim.»

Mit einer SIG 9mm in der Hand empfängt man keinen Studenten. Christa G. verwahrte die Pistole rasch in der Flurkommode, dann machte sie die Tür auf.

Wenn man aus dem Romanschreiben herausgerissen wird …

Etwas anderes ist wichtiger. Ein Student hatte sich zu seiner Professorin geflüchtet, die er bewunderte und verehrte und der er etwas anvertrauen wollte. Die beiden saßen sich im Arbeitszimmer gegenüber, und Maxims erster Satz war: «Ich kenne den Mörder meiner Schwester.»

Christa G.: «Haben Sie schon die Polizei informiert, Maxim?»

Maxim, Tränen in den Augen: «Nein, und ich werde es auch nicht tun. Ich will Roland nicht verraten. Ich will nicht, dass er ins Gefängnis kommt. Er ist immer noch mein Freund, ich halte immer noch zu ihm.»

Christa G.: «Ich verstehe nicht. Sie müssen mir die ganze Geschichte erzählen, Maxim. Aber warten Sie, ich mache uns zunächst einen Kaffee.»

Kaffeetrinken, ein Ritual, das beruhigt. Das einen niedergeschlagenen Studenten befähigt, einigermaßen klar, wenngleich stockend, eine unglaubliche Geschichte zu erzählen …

Maxims und Alexias Eltern gehörten zu einer kleinen Mennonitengemeinde oben im Jura. Dort wurde ein strenges, ernstes Christentum gelebt. Die Eltern erzogen ihre Kinder in diesem Geist. Maxim und der etwas ältere Roland, dessen Familie ebenfalls zu der Gemeinde gehörte, waren enge Freunde. Roland stieg während seiner Dienstzeit in der Schweizerischen Armee zum Reserve-Offizier auf.

Christa G.: «Und bekam eine SIG 9mm anvertraut, die er im Keller verschlossen aufbewahren sollte.»

Maxim nickte: «So ist es.»

Roland wurde durch seine strenge christliche Erziehung psychisch krank; er hatte wahrscheinlich ohnehin die Anlage zu einer Schizophrenie gehabt, und durch die religiöse Erziehung brach die Krankheit offen aus. «Roland entwickelte zwei Nebenpersönlichkeiten: er war auch noch Mose, der strenge Gesetzgeber des Volkes Israel, und der Erzengel Michael, der göttliche Bestrafungen vornahm. Glaubensabweichungen konnte Roland nicht hinnehmen. Er ermahnte auch mich immer wieder, er schrieb mir sogar Drohbriefe. Ich sei vom rechten Glauben abgefallen, meinte er. Als Mose hielt er mir das göttliche Gesetz vor. Als Racheengel Michael drohte er mir mit Vergeltung. All das tat er im schizophrenen Wahn. Wenn er wieder normal war und ich ihn zur Rede stellte, konnte er sich an nichts erinnern.»

Roland als Schreiber des Drohbriefes, den Christa G. erhalten hatte – konnte das sein? Christa G. erzählte Maxim von dem Brief.

Maxim hörte aufmerksam zu. «Ein solcher Brief passt zu Roland», sagte er dann. «Ja, Roland könnte ihn geschrieben haben.»

Könnte ... Über eine Vermutung kam man nicht hinaus. Aber es war immerhin eine sehr plausible Vermutung.

«Auch äußerlich hat sich Roland verändert», fuhr Maxim fort. «Er war früher ein sportlicher Typ, heute ist er korpulent.»

Korpulent ... Der Pistolenschütze, der aus dem Wald auf Christa G. geschossen hatte, war korpulent gewesen. Und als Waffe hatte er eine SIG 9mm benutzt.

Zwei SIGs 9mm, man darf sie nicht miteinander verwechseln oder zu nur *einer* Pistole zusammenziehen. Was hatte Christa G. von der Polizei erfahren? Alexia war mit einer anderen 9mm-Pistole erschossen worden als mit der, mit der auf *sie* geschossen worden war.

Christa G. beschloss, Maxim nichts von den Schüssen auf sie zu erzählen. Das gehörte nicht zur Sache. Es ging um Maxims Schwester Alexia und um den tödlichen Schuss auf *sie*.

Christa G.: «Roland erschoss Alexia als Racheengel Michael, nehme ich an. Er wollte sie für den Abfall vom Glauben bestrafen.»

Maxim: «So ist es. Ich habe ihn zur Rede gestellt, aber zunächst wusste er von nichts. Ich bat seine Eltern, mich zu informieren, wenn er sich wieder in der Rolle des Racheengels Michael befinde. Das taten sie, ich sprach also beim zweiten Mal mit der richtigen Nebenpersönlichkeit Rolands, und die gestand mir den Mord. Ich muss sogar sagen, der Racheengel Michael *brüstete sich* dieses Mordes.»

Christa G.: «Sie sind nun in einer schwierigen Situation, Maxim. Einerseits wollen Sie Ihrem Freund Roland gegenüber loyal bleiben, andererseits müssten Sie natürlich mit Ihren Informationen zur Polizei gehen. Und das können Sie ruhig tun: Roland wird, bei guter Verteidigung, nicht schuldig gesprochen werden. Er hat ja in geistiger Umnachtung gehandelt.»

Maxim: «Ich weiβ. Aber er riskiert eine Zwangsverwahrung. Er wird als gemeingefährlich eingestuft werden, von einem Gerichtspsychiater, und dann trotzdem seine Freiheit verlieren. Genau das will ich nicht.»

Ein längeres Schweigen schloss sich an. Christa G. kämpfte mich sich. Jetzt war *sie* in einer Loyalitätsfalle. Hatte sie nicht ihrerseits die Pflicht, mit ihren Informationen zur Polizei zu gehen? Sie schaute ihren Studenten an, der ihr sein Herz ausgeschüttet hatte und dem es nun besser zu gehen schien. Nein, sie durfte ihn nicht verraten.

Kann man zu später Stunde, wenn man den Studenten Maxim verabschiedet hat, sich wieder an den Schreibtisch setzen? Um den Roman weiterzuschreiben? Wenn Christa G. einmal schrieb, dann schrieb sie, das konnte bis um drei Uhr in der Frühe gehen. Als sie sich an den Schreibtisch setzte, war also klar, dass sie Paulus und Thekla mehrere Stunden Nachtschlaf opfern würde. Aber das war egal, denn das Schreibfieber hatte sie befallen …

Petrus war, im Gegensatz zu Paulus, verheiratet.

Paulus zu Petrus, an einem Sommerabend in Antiochien, im Haus des Barnabas, wo sie beide wohnten: «Es gibt da eine Geschichte, die man sich erzählt. Eines der ersten Wunder, das Jesus getan hat, war eine Heilung deiner Schwiegermutter. Stimmt das? Und könntest du mir die Geschichte erzählen?»

Das Haus des Barnabas lag am Ufer des Flusses Orontes. «Lass uns einige Schritte machen, am Fluss entlang, dann erzähle ich dir die Geschichte», sagte Petrus.

Die beiden Männer verlieβen das Haus. Der Mond tauchte den Orontes in ein silbernes Licht. «Ja, Jesus hat an meiner Schwiegermutter ein Heilungswunder vollbracht», begann Petrus. «Sie litt an einem unerklärlichen Fieber, schon zwei Wochen lang. Sie phantasierte vor sich hin, aβ nichts mehr, schwitzte ständig. Ihre Stirn war glühend heiβ. Wir befanden uns in groβer Sorge und mussten damit rechnen, dass sie sterben würde. Wir klagten Jesus unser Leid, und er ging mit uns zu ihr. Schon auf dem Weg überkam mich eine groβe innere Ruhe. Wo Jesus ist, kann das Böse nicht siegen, auch eine böse Krankheit kann es nicht. Bei meiner Schwiegermutter angekommen, die sich im Bett wälzte, stellte Jesus keinerlei Fragen, sondern trat einfach nur an die Frau heran, ergriff sie bei der Hand und richtete sie auf. Sofort verlieβ sie das Fieber. Paulus, stell dir das vor, Heilung von einem Moment zum anderen! Eben noch hatte meine Schwiegermutter mit Fieberphantasien im Bett gelegen, jetzt stand sie und lächelte scheu. Und weiβt du, was sie tat? Sie bereitete uns allen eine Mahlzeit zu. Sie selber aβ mit groβem Appetit – auch ein Zeichen von Genesung.»

Die beiden Männer hatten sich inzwischen ein gutes Stück vom Haus des Barnabas entfernt. Paulus sagte: «Ja, so, wie du es erzählt hast, war unser Herr.

Schade, dass ich ihm nicht in seinem Erdenleben begegnet bin wie du und die anderen Apostel aus Jerusalem. Ihr seid mir, dem zuletzt Berufenen, weit voraus.»

Paulus und Petrus – zwei Säulen des Urchristentums. Zwei Brüder, ja, inzwischen zwei Freunde. Petrus räusperte sich und sagte dann: «Darf ich dir eine persönliche Frage stellen, Paulus?»

Paulus: «Ja natürlich.»

Petrus: «Wirst du Thekla heiraten? Du hast sie hierher nach Antiochien geholt, sie wird von allen geschätzt, sie geht mit dir und Barnabas auf Missionsreisen. Was hindert dich daran, dich mit ihr zu vermählen?»

Da kam Paulus, mit seiner Scheu vor Frauen, in Erklärungsschwierigkeiten. Er setzte einige Male an zu reden, brachte aber nichts Gescheites hervor. Dann hatte er eine Erleuchtung: «Thekla will Jungfrau bleiben und nur für den Herrn da sein. Ja, das ist der Grund, weshalb wir uns von fleischlicher Liebe fernhalten und nur im Herrn verbunden sind, als Schwester und Bruder.»

So, so. Paulus und Thekla in geistlicher Ehe. Gemeinsam tätig im Weinberg des Herrn. Und der «Weinberg Antiochien» trug reiche Früchte.

«Ich kam von Jerusalem, um die Gemeinde hier zu inspizieren», sagte Petrus auf dem Rückweg. «Ich wollte wissen, ob man hier dem Evangelium gemäß lebt. Mein Besuch war nur für einige Tage geplant, aber eure blühende Gemeinde hielt mich fest. Nun bin ich schon zwei Monate hier.»

Paulus hätte Petrus jetzt auch eine persönliche Frage stellen können, nämlich die: «Seit zwei Monaten hier in Antiochien sein bedeutet auch, seit zwei Monaten von deiner Frau getrennt zu sein. Leidest du daran? Jedenfalls sieht man es dir nicht an.»

So wäre *Petrus* in Erklärungsschwierigkeiten gekommen. Vielleicht. Aber Paulus stellte diese persönliche Frage nicht, er kam nicht auf die Idee. Er sagte vielmehr: «Dem Evangelium gemäß leben – tun wir das hier in Antiochien?»

Petrus: «Nun ja, einiges könnte man anders machen. Aber Hauptsache, ihr habt unseren Herrn Jesus lieb und seid seine Jünger.»

Den Herrn Jesus liebhaben und seine Jünger sein. Christsein kann so einfach sein, warum macht man es sich oft so kompliziert? Warum schafft man so viele Regeln? Die unbedingt eingehalten werden müssen? Und wenn sie nicht eingehalten werden? Dann sind Christen voneinander getrennt und die Kämpfernaturen haben das Sagen. Die drei Apostelkollegen des Petrus aus Jerusalem, die zwei Tage nach jenem Abendspaziergang am Fluss Orontes in Antiochien eintrafen, waren es: *Kämpfernaturen*. Das sah man schon ihren finsteren Gesichtern an. Und das finsterste Gesicht war das des Achab.

Immer wieder finstere Gesichter in der Geschichte des Christentums. Die entstehen, wenn man felsenfest von der Wahrheit, der *eigenen Wahrheit*, überzeugt ist.

Ein Gesicht, ein Frauengesicht, in dem auf Augenlidern und Augenbrauen schwarze Schminke aufgetragen ist, die die Augen größer und mandelförmig erscheinen lässt, ein solches Gesicht kann niemals finster werden. Schminke in

Frauengesichtern? Sind dagegen nicht die Propheten des Alten Bundes zu Felde gezogen? Für sie war das Ausdruck weiblicher Eitelkeit. Aber Thekla kannte die Propheten des Alten Bundes nicht, sie kam ja aus dem Heidentum. Und da war Schminke im Gesicht von Frauen gang und gäbe; keiner nahm daran Anstoβ. Jetzt jedoch war Achab in Antiochien, sah Theklas geschminkte Augen und *nahm* Anstoβ. «Schwester», sagte er, «ich muss mit dir reden.» Es war noch am Tage der Ankunft der drei Jerusalemer. Barnabas hatte die Gemeinde zur Begrüßung der Männer in sein Haus eingeladen, dort traf sie sich regelmäβig. Wie sich die korinthische Gemeinde im Haus des Stephanas traf. Es war ein früher Abend im Sommer, man hatte zusammen das Herrenmahl gefeiert, und danach stand man in Grüppchen im Innenhof zusammen. Oder tat die paar Schritte zum Fluss Orontes hin.

Achab wollte also mit Thekla reden. Unter vier Augen. Er fasste sie am Oberarm und zog sie aus dem Innenhof heraus, ging mit ihr zum Fluss.

So mit einer Frau umgehen? Das war jüdische patriarchalische Praxis, hinübergenommen ins Christentum.

So von einem Mann behandelt werden? Gegen den eigenen Willen mit ihm mitgehen müssen? Das erinnerte Thekla an ihr Abenteuer mit dem Syrer Alexander. Der hatte Thekla seinerzeit auf offener Straβe umarmt. Sie hatte sich zur Wehr gesetzt, hatte den Mann ergriffen, ihm das Obergewand zerrissen und ihm auch den Kranz vom Kopf gerissen; so war er zum Gespött der Leute geworden.

Mit Achab ging Thekla etwas anders um. Sie versetzte ihm, kaum dass er sie losgelassen hatte, eine schallende Ohrfeige. Und sagte: «Wenn du mit mir reden willst, dann bitte mich darum und wende keine Gewalt an.» Sprach's, machte auf dem Absatz kehrt und ging ins Haus zurück. Anders als Alexander wurde Achab nicht zum Gespött der Leute, denn niemand hatte die Szene beobachtet. Aber Achab spürte, dass seine Wange rot wurde – Thekla hatte zugeschlagen, so feste sie konnte.

Die Schminke an Theklas Augen blieb also. Thekla trug sie weiterhin auf, unschuldig, ohne Kenntnis der prophetischen Verbote, die wagte Achab ihr nicht mehr mitzuteilen. Und selbst *mit* ihrer Kenntnis hätte Thekla sich weiter geschminkt. Was gingen sie diese Verbote an? Was hatten die mit dem Glauben an Jesus Christus zu tun?

Das war die Sache mit der Schminke. Und der goldene Ring an Theklas Finger? Das Erbstück von ihrem Groβvater? Auch der Ring störte Achab. Aber den wollte er im Beisein anderer Leute anprangern; mit Thekla allein zu sein fürchtete er inzwischen.

Die Gelegenheit ergab sich bald. Man saβ im kleinen Kreis im Innenhof des Hauses von Barnabas zusammen und sprach über ein Missionsprojekt: Paulus, Barnabas und Thekla wollten nach Griechenland aufbrechen. Unvermittelt sagte Achab: «Unsere Schwester Thekla muss vorher ihren goldenen Ring in den Orontes werfen. Es geziemt sich nicht, mit geschmückten Fingern das Evangelium zu predigen.»

Ein finsteres Männergesicht blickte triumphierend ein geschminktes Frauengesicht an. Jetzt, im Beisein anderer, konnte die Frau nicht tätlich werden. Keine zweite Ohrfeige also. Doch, es kam eine. Aber keine mit der Hand, sondern eine mit Worten.

«Bruder Achab», sagte Thekla, «du kennst die Jesus-Überlieferung schlecht. Das Gleichnis vom verlorenen Sohn, das unser Herr erzählt hat, scheint dir unbekannt zu sein. Als der Sohn reumütig zu seinem Vater zurückkehrte, ließ dieser ihm von einem Diener einen Ring an den Finger stecken. Was sagst du dazu?»

Gar nichts sagte Achab dazu. Einige aus dem Kreis grinsten verstohlen. Keiner gab einen Kommentar ab, man flüchtete sich in das Missionsprojekt «Griechenland».

Zweimal durch Thekla geschwächt ging Achab einige Tage später in die entscheidende Kampfdiskussion mit Paulus hinein – eine gute Ausgangsposition für den Apostel. Inzwischen hatten die drei Jerusalemer die in ihren Augen frevelhafte Speisepraxis in Antiochien kennengelernt: Heidenchristen und Judenchristen aßen zusammen – und dabei auch Speisen, die nach dem jüdischen Gesetz verboten waren. Gewiss, Paulus verlor diese Auseinandersetzung, aber Achab wurde noch einmal kräftig abgefertigt. Thekla warf ihm erregt an den Kopf: «Bruder Achab, ich muss meinen Vorwurf wiederholen, dass du die Jesus-Überlieferung schlecht kennst. Du scheinst nicht zu wissen, was unser Herr zum Thema rein und unrein gesagt hat. Er hat gesagt, nicht das, was von außen in den Menschen kommt, könne ihn unrein machen, sondern nur das, was aus dem Menschen herauskommt. Damit hat er alle Speisen für rein erklärt.»

«ICH WILL NICHT ABGESÄGT WERDEN! Ich bin eine schöne Rotbuche, sechzehn Meter hoch, ich habe noch viele Lebensjahre vor mir. Warum hantierst du mit einer Säge an mir? Du weißt, dass du etwas Verbotenes tust, deshalb kommst du ja auch mitten in der Nacht.»

In einer Geschichte, in der bereits eine Villa und ein Arbeitszimmer geredet hatten, redete nun auch ein Baum. Es ging um sein Leben, er wollte nicht abgesägt werden, aber die Säge fraß sich gnadenlos in seinen Stamm hinein. Schon sah der Baum sich fallen, da stockte die Säge. Da wurde sie aus seinem Stamm wieder herausgezogen. Was bedeutete das? Ein Weiterleben für den Baum? Nein, dafür war der Schnitt bereits zu tief. *Instabilität* hatte die Säge schaffen wollen, mehr nicht – für den Moment. Fallen sollte der Baum beim nächsten Sturm, und der war für den kommenden Vormittag angesagt.

Wenn jene sechzehn Meter hohe Rotbuche, die am Waldrand steht, der Eigentumswohnung Christa G.s genau gegenüber, wenn diese Buche über den fünfzehn Meter breiten Wiesenstreifen fällt, dann schlägt sie mit einem Meter in Christa G.s Arbeitszimmer hinein. Dann hat Christa G. auf ihrem Schreibtisch einen Meter Buche liegen, Buchenwipfel. Oder doch nicht, denn die Außenstore ist ja herabgelassen. Dann wird der Buchenwipfel von ihr abgefangen.

Aber vielleicht kommt es gar nicht zum Sturz des Baumes in Richtung Christa G.s Wohnung, denn *zerstören*, und sei es auch nur die Außenstore zerstören, war nicht die Absicht des Sägenden. Absicht war lediglich: verängstigen. Deshalb der Warnanruf bei Christa G. in der Villa mitten in der Nacht, nach vollbrachtem Sägen.

Christa G. griff, als das Telefon läutete, sofort zur Pistole auf dem Nachtschränkchen. Der Griff zur Pistole – eine bereits automatisch gewordene Handlung einer bedrohten Frau. Aber nein, vom Telefon ging keine Gefahr aus, Christa G. legte die Pistole zurück. Und griff zum Telefon.

Doch, auch vom Telefon kann Gefahr ausgehen! Am Telefon kann Gefahr angekündigt werden. Kann zum Beispiel angekündigt werden, dass es einen angesägten Baum gibt, der in Richtung Christa G.s Arbeitszimmer fallen wird; am Vormittag, wenn der Sturm aufkommt. Aber noch sei ja Zeit zu handeln …

Die männliche Stimme am Telefon war merkwürdig unklar gewesen, verwaschen. Erst hinterher wurde Christa G. klar, dass der Mann durch Stoff gesprochen haben musste, vielleicht durch ein Taschentuch. Zu erkennen gewesen war aber immerhin ein italienischer Akzent.

Wie kann man einen Baum, der angesägt ist und zu fallen droht, in eine andere Richtung als die, welche die Säge vorgeschrieben hat, fallen lassen? – Man ruft die Polizei an. Die alarmiert das Technische Hilfswerk. Die Männer seien schon auf dem Weg, wird Christa G. bei einem Rückruf der Polizei versichert, sie solle sich keine Sorgen machen. «Wieder ein Verängstigungsmanöver», wird Christa

G. noch gesagt. «Demjenigen, der Ihnen Ihre Wohnung verleiden will, ist es bitterernst. Er findet immer neue Möglichkeiten. Wer weiβ, auf was er als Nächstes kommt.»

« … auf was er als Nächstes kommt» - das hallte in Christa G.s Kopf nach. Das lieβ sie in dieser Nacht keinen Schlaf mehr finden.

Eichhörnchen sind es nicht gewohnt, sich Bucheckern von einer *liegenden* Rotbuche zu holen. Da sind die Tiere ihren Fressfeinden zu nahe, den Füchsen. Oben in den Baumwipfeln können Füchse Eichhörnchen nichts anhaben. Kann *der* Fuchs, der regelmäβig an dem Gebäude mit den Eigentumswohnungen auftaucht, weil ihm die Leute aus den oberen Stockwerken Nahrung herunterwerfen, dem Eichhörnchen-Pärchen, das sich die Rotbuche am Waldrand als Nahrungsspender ausgesucht hatte, nichts anhaben. Christa G. hatte dieses Eichhörnchen-Pärchen oft beobachtet und darüber mitunter ihre Arbeit vergessen. An dem stürmischen Vormittag, der der Nacht mit dem Warnanruf folgte, beobachtete sie *auch* die beiden Eichhörnchen. Sie turnten auf den Ästen und Zweigen der *liegenden* Rotbuche herum und sammelten *dort* ihre Nahrung, Bucheckern. Aber sie taten es anders als oben im Wipfel; immer wieder hielten sie inne und schauten sich um: war vielleicht der Fuchs in der Nähe?

Christa G. hatte sich, des Sturmes wegen, eine Wollmütze aufgesetzt; und eine dicke Strickjacke trug sie. Sie ging nicht zu nahe an die liegende Rotbuche heran, sie wollte die Eichhörnchen nicht stören. Die Rotbuche lag in Richtung Wald, das Technische Hilfswerk hatte gute Arbeit geleistet. Aber die Buche hatte im Fallen Zerstörung angerichtet, hatte andere Bäume und Büsche beschädigt.

«Euer nahrungsspendender Baum ist nun vernichtet», murmelte Christa G. in Richtung Eichhörnchen. «In diesem Herbst könnt ihr noch Bucheckern sammeln, aber dann ist Schluss. Dann seid ihr weg von hier - mit einer toten Rotbuche könnt ihr nichts anfangen.»

Die Rotbuche war in der grünen Front von Bäumen und Büschen der prächtigste Baum gewesen. Ab jetzt würde Christa G. da, wo sie gestanden hatte, nur noch eine Lücke sehen. Nur noch einen Stumpf. Sollte sie den Blick auf diese Lücke, auf diesen Stumpf, jetzt sofort schon wagen? Sie ging in ihre Wohnung, in ihr Arbeitszimmer, und drehte die Auβenstore hoch. Was sie zu sehen bekam, war schlimmer als das, was sie erwartet hatte. Das war nicht mehr ihre grüne Front, die sie so gerne betrachtet hatte, die ihr Ruhe zum Arbeiten und Schreiben gegeben hatte. Es würde nie mehr so sein wie früher. Immer würde ihr Blick auf den Baumstumpf der Rotbuche fallen. Keine Rotbuche mehr, keine Eichhörnchen mehr, wie sollte man sich da noch an seinem Arbeitszimmer erfreuen? In Christa G.s Augen traten Tränen.

Wenn Felix jetzt als heimlicher Beobachter anwesend gewesen wäre, hätte ihn Christa G.s Trübseligkeit in Hochstimmung versetzt. Er hätte sich gesagt: «Sie scheint sich von der Wohnung zu lösen. Vielleicht ist das der Umschwung, den ich erhofft habe. Gut, dass dieser verdammte Baum weg ist! So habe ich eine

Chance, dass Christa die Eigentumswohnung verkauft und in unsere Villa zurückkommt.»

Und wenn Christa G. es tatsächlich tat: mit dem Gedanken spielen, die Eigentumswohnung zu verkaufen und in die Villa zurückzukehren? Aber es ging ja nicht nur um Wohnungswechsel, es ging hauptsächlich darum, ob sie wieder ein Ja zu ihrem Ex-Ehemann finden konnte. In zwei Tagen würde er aus Japan zurückkommen, das hatte sie von seiner Sekretärin erfahren.

Das «Welcome home!», das Felix für Christa G. mit Lippenstift an den Badezimmerspiegel geschrieben hatte, war längst weggewischt. Christa G. überlegte: Sollte sie die Worte wieder an den Spiegel schreiben? Für Felix, als Begrüßung? Aber das wäre wenig originell. Fiel ihr sonst nichts ein? Sie konnte einen Kuchen backen, einen Schokoladenkuchen fondant, Felix' Lieblingskuchen. Schokoladenkuchen fondant – Felix würde den halben Kuchen auf einmal essen. Dabei wollte sie, Christa G., dass Felix Gewicht abnahm und wieder sportlich wurde. Plötzlich hatte sie eine Idee. Ja, Felix würde seinen Kuchen bekommen. Aber neben dem Kuchen würde ein Umschlag liegen. Felix würde ihn öffnen, stirnrunzelnd den Inhalt zur Kenntnis nehmen und dann hoffentlich laut lachen. Und verstanden haben, was seine Ex-Frau von ihm erwartete.

Banken kennen angeschlagenen Firmen gegenüber keine Gnade. Wenn eine letzte Frist für eine Sondertilgung angesetzt ist und diese Frist nicht eingehalten wird, treibt die Bank die Firma in die Pleite. Oder aber, es geschieht etwas Außergewöhnliches.

Felix kehrte aus Japan mit außergewöhnlichen Neuigkeiten zurück. Er brauchte jetzt unbedingt jemanden, an den er diese Neuigkeiten loswerden konnte. Schon im Flugzeug hätte er am liebsten seinem Sitznachbarn erzählt: «Wissen Sie, ich habe in der Schweiz eine mittelständische Maschinenbaufirma. Ich geriet in große Schwierigkeiten, weil in den letzten Jahren der Absatz stockte. Um ehrlich zu sein: Ich stand vor der Pleite. Meine Japanreise diente dem Zweck, Aufträge hereinzuholen und, wenn möglich, bereits Kaufverträge abzuschließen. Ich brach mit Bergen von Werbematerial auf und hatte mich bestens vorbereitet, um meine Produkte anzupreisen. Ich gab angesichts der Pleitegefahr nicht auf, sondern wollte kämpfen. Man muss bei Geschäftspartnern als Sieger erscheinen, nicht als Verlierer. Und es klappte.» Felix hätte jetzt mit dem Finger nach oben zur Handgepäckablage gezeigt: «Dort, in meinem Gepäck, sind – halten Sie sich fest – unterschriebene Kaufverträge im Wert von zweihundert Millionen Schweizer Franken. Mit diesen Verträgen werde ich mich zu meiner Bank begeben, und die Pleite wird abgewendet sein.»

Felix sah seinen Sitznachbarn verstohlen von der Seite her an. Der Mann war wohlbeleibt, hatte ein aufgeschwemmtes Gesicht, eine rote Alkoholiker-Knollennase und döste vor sich hin. Von Felix' Redeerguss hatte er nichts mitbekommen, der war ja auch nur gedanklich erfolgt. In Felix stieg Verachtung für den Mann auf: ein Fettwanst, ein Alkoholiker, unsportlich. So wollte er, Felix, nicht sein. Jetzt nicht mehr, wo sich neue Erfolge für die Firma abzeichneten. Diese Erfolge würden ihn als Person mitreiβen. Das neue Programm würde dann so aussehen: kein Alkohol mehr, Fitness-Studio, Waldläufe. «Das alles ist nicht *deine* Welt, du Fettwanst», dachte Felix in Richtung Sitznachbar. «Aber es ist *meine* Welt; es wird wieder meine Welt sein.» Und mit einem triumphierenden Lächeln im Gesicht gab sich jetzt auch Felix einem Schlummer hin.

Das triumphierende Lächeln war noch immer auf Felix' Gesicht, als er die Haustür der Villa aufschloss. «Ein leeres Haus erwartet mich», so dachte er, «und wieder kann ich nicht, ebenso wenig wie im Flugzeug, meine Freude über die Vertragsabschlüsse jemandem mitteilen.»

Doch, er konnte. Schon im Flur empfing ihn Christa G. Einen Augenblick lang schauten sich Ex-Ehefrau und Ex-Ehemann fragend an, dann lagen sie sich in den Armen. Felix musste anschlieβend dringend zur Toilette, er ging auf die Gästetoilette im Flur. Und was tat er, während er sein Geschäft verrichtete? Er erzählte durch die geschlossene Tür seine Ex-Frau von den Vertragsabschlüssen in Japan. Es sprudelte aus ihm heraus. Er erzählte auch, da hatte er schon abgespült und war beim Händewaschen, von seinem Entschluss, wieder alkoholfrei und sportlich zu werden.

Na, dann war das, was ihn in dem Umschlag neben dem Schokoladenkuchen erwartete, gut ausgewählt …

Und was war in dem Umschlag? Ein Bon für ein Fitness-Studio.

CHRISTA G. BRAUCHTE FÜR DIE WEITERFÜHRUNG ihres Romans einen kranken Paulus. Aber welche Krankheit sollte sie ihm geben? Und war es historisch überhaupt gerechtfertigt, ihn krank sein zu lassen? Christa G. wollte sich den exegetischen Befund vor Augen führen. Sie befand sich an ihrem provisorischen Schreibtisch in der Villa, es war Nachmittag, die Sonne schien, das Laub der abgeernteten Weinberge hatte herbstliche Farben angenommen, auf dem Neuenburger See kreuzten Segelboote, auf den Alpengipfeln in der Ferne lag der erste Schnee. Der Mont Blanc war klar und deutlich zu erkennen.

Zurück mit den Augen auf den provisorischen Schreibtisch! Den Gartentisch! Christa G. hatte, als sie noch in der Villa wohnte, stets in der Gefahr gestanden, die Aussicht zu genießen und nicht auf ihre Arbeit konzentriert zu sein. So ist es, wenn man vom Arbeitszimmer aus einen Fernblick von 120 Kilometern hat. Das lenkt ab. Aber das beschwingt auch. Das verschafft ein anderes Lebensgefühl als der 15-Meter-Blick auf die grüne Front von Bäumen und Büschen. Und dort fehlte jetzt auch noch die Rotbuche.

Die Krankheit des Paulus also. Was wissen wir von ihr? Die wichtigsten Informationen liefert ein Text im Galaterbrief, 4,13-15:

Ihr wisst, wie ich euch das erste Mal wegen körperlicher Schwäche das Evangelium verkündigte. Ihr habt die Versuchung, die bei meinem körperlichen Zustand für euch bestand, wohl stark empfunden, aber doch nicht ausgespuckt vor mir. Nein, wie einen Boten Gottes habt ihr mich aufgenommen, wie Christus Jesus. Wo ist nun eure selige Begeisterung? Denn ich bezeuge euch, ihr hättet, wenn es möglich gewesen wäre, euch die Augen ausgerissen und sie mir gegeben.

Seltsam, wie dieser Text beginnt. Paulus hat *wegen körperlicher Schwäche* den Galatern das Evangelium verkündigt? Wie ist das zu verstehen? Man hat sich in der Auslegung auf folgende Erklärung geeinigt: Paulus hatte damals gar nicht vor, in Galatien, in der Mitte Kleinasiens, zu predigen. Er war auf der Durchreise nach Europa. Plötzlich wurde er krank, eine Weiterreise war unmöglich. Und doch predigte Paulus, das konnte er nicht lassen, dafür reichte seine Kraft noch so eben. Er predigte dort, wo er sich gerade befand, in Galatien. So gesehen, wird das, was Paulus schreibt, verständlich: wegen seiner körperlichen Schwäche, also wegen seiner Krankheit, empfingen die Galater die Heilsbotschaft.

Paulus war, wie immer, nicht allein auf Reisen, sondern hatte Mitarbeiter bei sich, wahrscheinlich Timotheus und Silas. Für Christa G. war auf der Reise durch Kleinasien auch noch Thekla mit dabei; und sie würde im Zusammenhang mit der Krankheit des Paulus eine wichtige Rolle spielen.

Aber wer waren jene Galater überhaupt? Das Wort «Galater» ist sprachlich mit dem Wort «Kelten» verwandt. Die Galater waren kleinasiatische Kelten, stammesverwandt mit jenen Kelten, die in Gallien von Cäsar bekämpft wurden.

Im dritten vorchristlichen Jahrhundert waren Teile der Kelten nach Südosten gezogen, über die Balkanhalbinsel bis nach Kleinasien. Kelten waren für ihre kriegerische Härte bekannt, die bekam Cäsar zu spüren, und auch Kleinasien überzogen sie mit Krieg. Die Römer zwangen sie schließlich, sesshaft zu werden – in einer rauen und unwirtlichen Gegend. Man muss die Siedlungsorte der kleinasiatischen Kelten etwa dort suchen, wo heute Ankara liegt; in der Antike hieß der Ort Ankyra. Nicht weit von Ankyra entfernt floss der Halys.

Der Fluss Halys – Christa G. beschloss, im Gebiet um den Halys die nächste Romanszene beginnen zu lassen.

Der Text Gal 4,13-15 bleibt, was die Krankheit des Paulus angeht, vage. Um welche Krankheit handelte es sich? Immerhin macht der Text zwei Andeutungen, und sie führen zu ganz verschiedenen Hypothesen:

Erste Hypothese: Paulus hatte Epilepsie; denn Epilepsie war in der Antike die Krankheit, vor der man ausspuckte. Den Galatern wird bescheinigt, dass sie vor Paulus, dem Epileptiker, eben *nicht* ausspuckten.

Zweite Hypothese: Paulus hatte eine Augenkrankheit; denn warum sonst hätten die Galater, falls so etwas wie eine Augentransplantation möglich gewesen wäre, ihm *ihre Augen* geben wollen?

Epilepsie, Augenkrankheit: Christa G. hatte die Wahl. Sie beschloss, Paulus zum Epileptiker zu machen. Epilepsie schien ihr dramatischer und damit romanwürdiger als Augenkrankheit zu sein. Christa G. sah schon Paulus in einem Anfall von Epilepsie zu Boden stürzen, Schaum vor dem Mund.

Aber noch blätterte Christa G. im Neuen Testament. Gab es weitere Stellen, die von einer Krankheit des Paulus sprachen? Es gab sie, aber immer boten sie nur, wie Gal 4,13-15, Andeutungen. Doch insgesamt war der Befund eindeutig: Paulus hatte mit Krankheit zu kämpfen. Und für Christa G. war diese Krankheit eine Epilepsie.

Aber Moment mal, wenn das Gehirn krampft, im «Grand Mal», im «großen Krampfanfall», sind dann nicht auch die Augen betroffen? Alle Neuronen des Gehirns feuern auf einmal, es kommt, so las Christa G. im Lexikon nach, zu Ausfallserscheinungen; im Falle des Paulus, so beschloss sie, betrafen die Ausfallserscheinungen auch die Augen. Während des großen Krampfanfalls kein Sehen mehr! Paulus wälzt sich am Boden, und leere, blöde Augen starren die zu Tode erschrockenen Beobachter Timotheus, Silas und Thekla an. Steht nicht auch der Atem des Apostels still? Ja, aber nur für einige Augenblicke, dann atmet er wieder. Aber der Anfall ist noch nicht vorbei; die Krampfphase wird von Zuckungen abgelöst, wobei es – so las Christa G. im Lexikon – zum Austreten von schaumigem Speichel, oft blutig, zum Zungenbiss und zum Abgang von Harn und Stuhl kommen kann.

Das war die Krankheit des Paulus. Periodische große Krampfanfälle mit vorübergehender Blindheit. Warum hatte noch nie ein Exeget bei Paulus Epilepsie und Augenkrankheit zusammengebracht? Christa G. tat es; damit wurde die Epilepsie des Paulus noch dramatischer, noch romanwürdiger. In Kleinasien, nahe bei Ankyra, Ankara, müssen sich schreckliche Szenen abgespielt haben. Timotheus, Silas und Thekla flüchteten sich dann mit dem kranken Paulus zur nächsten Siedlung hin, zu Menschen, die sie hoffentlich aufnehmen würden; sie brauchten dringend eine Unterkunft. Den gastfreundlichen Galatern wurde, als Paulus wieder einigermaßen bei Kräften war, das Evangelium gepredigt. Sozusagen als Dank für die Beherbergung.

Das Geschehen in Kleinasien wurde für Christa G. immer lebendiger. Ist das nicht sachgemäße Exegese? Dass man in die Situation von damals eintaucht, dass man sich alles vergegenwärtigt? Dann zieht man sein Publikum mit: die Studenten in der Universität, das Lesepublikum. Warum erbringt die neutestamentliche Wissenschaft meist farblose Ergebnisse? Weil die Damen und Herren, die diese Wissenschaft betreiben, selber farblos sind. Das sieht man schon an ihrer Berufskleidung: graue Anzüge für die Herren, graue Kostüme für die Damen. Und nun wird frisch und munter am konkreten Leben vorbeiexegesiert. Aber Christa G. war anders! Sie trug ja auch kein graues Kostüm, sondern war immer leger gekleidet; oft hatte sie bei der Vorlesung Jeans an.

Christa G. war im Wohnzimmer gewesen, dort hatte sie das Lexikon eingesehen. Felix saß im Sessel und schaute fern. Sie trat von hinten an ihn heran und massierte ihm den Nacken; er gab Laute des Behagens von sich. War das noch das getrennte Ehepaar? Noch hatte Christa G. keine Entscheidung getroffen: zurück zu ihm oder nicht? Die Sache war weiterhin in der Schwebe. Felix seinerseits gab sich Mühe: Er war bereits mehrmals im Fitness-Studio gewesen, und auf seinen Knien lag, wenn er im Fernsehsessel saß, keine Schachtel Pralinen mehr.

«Bleib doch, wir können ein Glas Wein zusammen trinken», sagte Felix, als Christa G. das Wohnzimmer verlassen wollte. Aber er hatte keine Chance, es zog Christa G. mit Macht zum Schreibtisch zurück.

Auf dem Schreibtisch lag eine Bibel. Christa G. schlug das 11. Kapitel des zweiten Korintherbriefs auf und las den Leidenskatalog, ab Vers 22. Paulus hat es hier mit Gegnern zu tun, und um seinen Apostolat zu legitimieren, führt er an, was er in Ausübung seines Dienstes alles erlitten hat:

Sie sind Hebräer? Ich auch! Sie sind Israeliten? Ich auch! Sie sind Nachkommen Abrahams? Ich auch! Sie sind Diener Christi? Nun rede ich im Wahnwitz: Ich noch mehr! In Mühen viel mehr, in Gefangenschaften viel mehr, bei Schlägen über die Maßen, in Todesnöten oftmals. Von den Juden bekam ich fünfmal die «vierzig weniger einen». Dreimal wurde ich gegeißelt, einmal gesteinigt. Dreimal erlitt ich Schiffbruch; eine Nacht und einen Tag habe ich auf dem tiefen Meer zugebracht. Oftmals war ich auf Reisen, in Gefahren durch Flüsse, in Gefahren durch Räuber, Gefahren von Seiten meines Volkes, Gefahren von Seiten der Heiden, Gefahren in der Stadt, Gefahren in der Steppe, Gefahren auf dem Meer, Gefahren unter falschen Brüdern. In Mühsal und Beschwerde, häufig in durchwachten Nächten, in Hunger und Durst, in vielem Fasten, in Kälte und Blöße. Abgesehen von allem anderen der tägliche Andrang zu mir, die Sorge um alle Gemeinden. Wer ist schwach, und ich bin nicht schwach? Wer erleidet Ärgernis, und ich fühle nicht brennenden Schmerz? Wenn denn gerühmt sein muss, so will ich mich meiner Schwachheiten rühmen. Der Gott und Vater des Herrn Jesus, der gepriesen ist in alle Ewigkeit, weiß, dass ich nicht lüge. In Damaskus bewachte der Statthalter des Königs Aretas die Stadt der Damaszener, weil er mich abfangen wollte; aber ich wurde durch eine Luke in einem Korb über die Mauer hinabgelassen und entkam seinen Händen.

Ein Abenteuerleben! Oft an der Grenze, ganz nah am Abgrund. Mit diesem Leben in Schwachheit und Bedrängnis kontrastiert Paulus das glanzvolle Auftreten seiner Gegner. Paulus kehrt die Werte um: der wahre Verkündiger ist schwach, nicht stark. Er ist ein vom Leben Gezeichneter, und gerade als solcher ist er für Christus brauchbar; denn jetzt ist nicht mehr er selber tätig, sondern Christus durch ihn. Ist die eigene Persönlichkeit zu stark, dringt Christus nicht durch sie hindurch und der Verkündiger verkündigt nur sich selber. Der Zerbruch des Eigenlebens ist die Bedingung für authentische Verkündigung. Wenn man im zweiten Korintherbrief ein Kapitel weiterblättert, wird diese Erkenntnis noch präziser formuliert. Paulus spricht hier von Offenbarungen, die ihm zuteilwurden, und fährt dann fort:

Damit ich mich bei dem Übermaß der Offenbarungen nicht überhebe, wurde mir ein Stachel für das Fleisch gegeben, ein Satansengel, auf dass er mich mit Fäusten schlage, damit ich mich nicht überhebe. Um dessentwillen habe ich dreimal den Herrn angefleht, dass er von mir ablasse, aber er hat mir erklärt: «Lass dir an meiner Gnade genügen, denn die Kraft wird in der Schwachheit vollendet.» Sehr gern will ich mich also umso mehr meiner Schwachheiten rühmen, auf dass die Kraft Christi sich auf mir niederlasse. Darum habe ich Wohlgefallen an Schwachheiten, an Schmähungen, an Notlagen, an Verfolgungen und Bedrängnissen um Christi willen; denn wenn ich schwach bin, dann bin ich stark.

In dem Text findet sich ein Hinweis auf die Krankheit des Paulus. Man hat über den «Stachel für das Fleisch», den «Satansengel», viel gerätselt. Was ist hier gemeint? Am zwanglosesten ist es, in dem Stachel für das Fleisch, in dem Satansengel, eine Krankheit zu sehen, die Paulus periodisch überfiel. Und wenn man einen Schritt weitergeht und sagt, die Krankheit sei eine Epilepsie gewesen, ist das eine gute Interpretation. Man stelle sich Paulus im Grand Mal vor: am Boden liegend, von Zuckungen hin und her geworfen, blutiger Schaum vor dem Mund – von einem «Satansengel» zu sprechen, der so etwas verursacht, ist verständlich.

«Wenn ich schwach bin, dann bin ich stark.» Umkehrung der Werte. Alles nur noch Christus sein lassen, selber nichts mehr sein. Wann ist Paulus diese Erkenntnis gekommen? Christa G. sagte sich: bei der Reise durch Kleinasien.

Nach einem Grand Mal. Und Thekla hat bei der Umorientierung des Paulus von stark zu schwach entscheidend mitgeholfen.

Am besten wäre es, so dachte Christa G., Paulus vor der Krise und der Umorientierung noch einmal richtig «groβ» auftreten zu lassen; «groβ» in dem Sinne, dass Paulus den starken Apostel herauskehrte; dass er sich autoritär gebärdete. All das Falsche, das in ihm war, müsste noch einmal richtig zum Zuge kommen – dann würde die Fallhöhe gröβer. Und Paulus war, so zeigt die historisch-kritische Exegese, tatsächlich ein autoritärer Knochen; er war nicht der Heilige, zu dem ihn spätere Zeiten gemacht haben. Im Umgang mit seinen Gemeinden und Mitarbeitern konnte er ein Ekel sein. Christa G. wagte es, Begriffe wie «autoritärer Knochen» und «Ekel» vor ihren Studenten offen auszusprechen. Und nun wollte sie Paulus als autoritären Knochen und Ekel in ihrem Roman auftreten lassen. Ihren Studenten pflegte sie, wenn sie solche Kraftausdrücke gebrauchte, zu versichern, dass sie den Apostel keinesfalls klein machen wolle. Dass sie keinen feministisch motivierten Hass auf ihn habe. Nein, sie wolle zeigen, dass Paulus ein Mensch war wie wir: mit Fehlern und Schwächen. Er hat uns wie kein anderer das Evangelium von Jesus Christus dargelegt. Auf sein Zeugnis gründet sich zum groβen Teil unser Glaube. Aber trotzdem, Paulus war auch dies: ein autoritärer Knochen und ein Ekel. Wer bekam das am meisten zu spüren? Sein Lieblingsmitarbeiter Timotheus.

Die wichtigste Notiz, die wir für die Beziehung zwischen Paulus und Timotheus haben, ist ihre Charakterisierung durch Paulus als Vater-Kind-Verhältnis. Im 4. Kapitel des ersten Korintherbriefs schreibt Paulus den Korinthern: «Ich habe euch Timotheus gesandt, der mein liebes und treues Kind im Herrn ist; er wird euch an meine Wege in Christus erinnern, wie ich sie in jeder Gemeinde allerorts lehre.»

Keinerlei Eigenständigkeit zeigt dieser Timotheus! Er führt nur brav die Befehle des Meisters aus. So etwas gefällt Paulus. Da braucht er nicht zu diskutieren, da braucht er nicht auf das Gegenüber zu hören – er gibt einfach nur Anweisungen; diese werden von seinem Kind – Kind steht wörtlich im Text – ohne jeden Widerspruch ausgeführt. Andere Mitarbeiter wagten zu widersprechen, aber Timotheus nie. Als Kind wird Timotheus auch im 2. Kapitel des Philipperbriefs bezeichnet: «Wie ein Kind seinem Vater, so hat er mir Dienste geleistet für das Evangelium.»

Oder statt «Kind» «Sohn»: Der erste und der zweite Timotheusbrief sind an den «rechten» beziehungsweise «geliebten Sohn» Timotheus gerichtet. Und in den Timotheusbriefen finden sich auch zwei Hinweise, die helfen, die Persönlichkeit dieses Mitarbeiters besser zu verstehen. In 1 Tim 5,23 heiβt es: «Trinke nicht ausschlieβlich Wasser, sondern genieβe deines Magens und deiner häufigen Schwächeanfälle wegen ein wenig Wein.»

Empfindlicher Magen, Schwächeanfälle – Timotheus war nicht der Robusteste. Auch psychisch nicht, drückt der Körper doch psychische Angeschlagenheit häufig durch Magenbeschwerden aus.

In 2 Tim 1,5 liest man, dass der Glaubenseifer des Timotheus zuerst in seiner Groβmutter Lois lebte, dann in seiner Mutter Eunike. Eine reine Frauengenealogie für die Glaubensexistenz des Timotheus. Wo bleibt der Groβvater, wo der Vater? Was hat es für einen Einfluss auf einen heranwachsenden Jungen und jungen Mann, wenn nur Frauen ihn prägen? Umso glücklicher war Timotheus später, so darf man vermuten, in Paulus einen Mann gefunden zu haben, der Groβvater und Vater ein Stück weit ersetzte.

Hatte Timotheus von dem Kind-Sein, von dem Sohn-Sein, nicht irgendwann genug? Hat er nie aufbegehrt? Wollte er nie ein gleichberechtigter Partner in der Missionsarbeit werden? Barnabas zum Beispiel war es: ein gleichberechtigter Partner des Paulus; aber Barnabas hatte, anders als Timotheus, eine starke Persönlichkeit; Spannungen zwischen ihm und Paulus konnten deshalb nicht ausbleiben. Da war es mit Timotheus bequemer!

Die konservativen Bibelwissenschaftler haben die Beziehung zwischen Paulus und Timotheus stets gelobt. Bei einem von ihnen lesen wir, diese Beziehung sei ein «quasi natürliches Verhältnis väterlicher Autorität und kindlich-vertrauensvollen Gehorsams» gewesen. Eine solche idealisierende Beschreibung übersieht, dass sich hinter der Idylle die Tragik einer ewigen Kindheit verbergen könnte. Timotheus wurde nie erwachsen! Paulus lieβ ihn das nie werden! Wer von den Mitarbeitern des Paulus erwachsen werden wollte, hatte mit dem Widerstand des Meisters zu rechnen. Aber Timotheus wollte gar nicht erwachsen werden. Mit Paulus und Timotheus hatten sich offensichtlich jemand, der einen treuen geistigen Sohn zur Selbstbestätigung brauchte, und jemand, der das Selbständigwerden scheute, gesucht und gefunden und ein komplementäres Verhältnis par excellence gebildet; jeder brauchte den anderen zur Definition der eigenen Rolle. Von einer Veränderung der Beziehung erfahren wir nichts. Ein Beziehungskonflikt wird nirgendwo berichtet oder angedeutet. Er tritt in einem solchen Verhältnis auch nicht notwendigerweise auf, sondern nur dann, wenn einer der Partner seine Selbstdefinition ändern will. Das scheint bei Paulus und Timotheus nicht der Fall gewesen zu sein.

Überraschend ist, dass Timotheus als der Mitarbeiter, den Paulus am meisten schätzte, nicht der erfolgreichste war: In einer Mission, die er auf paulinische Anordnung in Korinth ausführte, scheiterte er wohl; Titus erwies sich als der bessere Gesandte. Für Titus kann man zeigen, dass seine Beziehung zu Paulus eine Wandlung durchlief. Zunächst war Titus so wie Timotheus: Paulus völlig ergeben. Aber dann kämpfte er sich aus diesem Abhängigkeitsverhältnis heraus und erscheint in späteren Texten als gleichberechtigter Partner neben Paulus. Erstaunlich ist, dass die Beziehung zwischen den beiden überaus herzlich blieb; dafür gibt es Textbelege. Paulus war also lernfähig: Er konnte, wenn es sein musste, wenn man ihn dazu zwang, Mitarbeiter in die Eigenständigkeit entlassen. Dabei nahm die Sache des Evangeliums keinen Schaden; im Gegenteil, ein eigenständiger Mitarbeiter wie Titus war für die Missionsarbeit brauchbarer als ein abhängiger wie Timotheus. Und Titus gegenüber hätte sich Paulus auf der Kleinasienreise niemals das erlauben können, was er sich Timotheus gegenüber erlaubte. Aber das war jetzt wieder Roman, das war nicht mehr exegetische Bestandsaufnahme.

Christa G. ging, bevor sie beginnen wollte zu schreiben, in die Küche, um sich einen Kaffee zu machen. Es war inzwischen Abend, Felix war bereits zu Bett gegangen. Das Wetter hatte sich geändert. Schon am Spätnachmittag waren dunkle Wolken aufgezogen, jetzt regnete es heftig, der Regen klatschte gegen die Scheiben. Da ist man froh, im Haus zu sein. Und wenn im Haus etwas passiert? Etwas Unangenehmes? Etwas Bedrohliches? Aber was sollte da schon passieren?

Die Kaffeemaschine ließ den Kaffee in die Tasse laufen, doch plötzlich stockte sie. Und das Licht ging aus, auch das Summen des Kühlschranks erstarb. Stromausfall! Kann passieren, ist nicht weiter schlimm. *Doch* schlimm – für Christa G. Die hatte in der letzten Zeit in ihrer Eigentumswohnung und auch in der Villa so viel Bedrohliches erlebt, dass sie ein Stromausfall in Panik versetzte. Sie stand in der dunklen Küche und fragte sich, ob nicht wieder der große Unbekannte am Werk war. Der, der sie in der letzten Zeit so gepeinigt hatte. Konnte er nicht auch die Stromversorgung der Villa lahmlegen? War das eine weitere Einschüchterung?

Die SIG 9mm war inzwischen wieder im Keller, war verwahrt und verschlossen. Aber was hätte es Christa G. gebracht, wenn sie jetzt eine Pistole in der Hand gehabt hätte? Sie begann zu zittern. War es in der Küche kühl geworden? Hatte sich die Heizung schon auf Nachtbetrieb runtergeschaltet? Jedenfalls zitterte Christa G. An den Schreibtisch konnte sie nicht zurück, sie wäre jetzt ohnehin schreibunfähig gewesen. Ins Bett und die Bettdecke bis über beide Ohren ziehen! Christa G. tastete sich ins Gästezimmer, dort war ihre Bleibe, sie wollte nicht mit Felix im Ehebett schlafen. Im Dunkeln zog sie sich aus, zog ihr Nachthemd an. Erst einmal im Bett, würde Ruhe über sie kommen, oder? Im Bett braucht man keine Elektrizität mehr, kein Licht mehr.

Die Ruhe kam nicht über Christa G. Sie knipste den Schalter der Nachttischlampe auf dem Nachtschränkchen an; kein Licht, immer noch Stromausfall. Christa G., gib dich dem Schlaf hin, Stromausfall hin oder her. Aber Christa G. konnte sich nicht dem Schlaf hingeben; sie wartete auf das Ende des Stromausfalls; sie ließ die Nachttischlampe angeschaltet; wann würde sie wieder leuchten? Nach einer Stunde stieg Christa G. aus dem Bett. Sie verließ das Gästezimmer und tastete sich zum Schlafzimmer durch. Vorsichtig öffnete sie die Tür. Sie hörte die tiefen, ruhigen Atemzüge ihres Ex-Mannes. Er schnarchte nicht, das hatte er nie getan. Tiefe, ruhige Atemzüge – da ging etwas auf die Ex-Ehefrau über; da zog auch in sie Ruhe ein. Sie tastete sich zu ihrem Bett hin und stieg vorsichtig hinein. Am liebsten hätte sie sich an Felix gekuschelt, aber sie wollte ihn nicht wecken. Er murmelte etwas im Halbschlaf, wurde aber nicht wach.

Christa G. rückte, ohne ihn zu berühren, ganz nah an ihn heran. Kaum hatte sie diese Position eingenommen, war sie auch schon eingeschlafen.

«REISS DICH ZUSAMMEN!», herrschte Paulus Timotheus an. «Wir haben alle Durst. Aber wir müssen weiter, wir müssen vor Einbruch der Nacht noch den Halys erreichen. Und wer weiβ, ob diese Ziegenhirten friedliche Leute sind.»

Weiter, weiter – aber Timotheus konnte nicht mehr weiter; er hatte sich hingesetzt, er brauchte eine Pause; und er hatte Durst, die Zunge klebte ihm am Gaumen. Die kleine Gruppe war den ganzen Tag unter sengender Sonne durch eine hüglige, ausgedorrte Steppenlandschaft marschiert. Nirgendwo Bäume, nur hin und wieder ein paar Sträucher. Die Wasservorräte waren längst aufgebraucht. Und jetzt die Ziegenhirten; drei waren es, sie saβen in einiger Entfernung auf einem Hügel. Ob ihre Tiere überhaupt noch etwas Fressbares fanden?

«Ich gehe zu ihnen und bitte um Wasser», hatte Timotheus gesagt. «Bestimmt haben sie welches.»

Reiβ dich zusammen, kein Wasser, jetzt nicht – wenn Paulus etwas gesagt hatte, wurde das befolgt und es wurde nicht diskutiert. So war es Timotheus gewohnt. Aber Thekla war es nicht gewohnt. Sie diskutierte immer. Jetzt sagte sie zu Paulus: «Lass ihn gehen. Wir warten hier, eine Pause tut uns gut.»

Wer war der wahre Chef der Gruppe? War Paulus nicht längst abgesetzt? Er war es jedenfalls dann, wenn er zu strenge Anordnungen gab.

Timotheus machte sich also auf den Weg zu den Ziegenhirten. Paulus knurrte: «Jetzt müssen wir auf diesen Schwächling warten. Er hätte doch, nach all der Missionstätigkeit und dem vielen Wandern, längst abgehärtet sein müssen.»

Abgehärtet wie du, Paulus, ja, ja. Paulus, der starke Apostel – auch beim Marschieren. An Strapazen gewöhnt. Daran gewöhnt, sich das Äuβerste abzuverlangen. Sein Verhältnis zu seinem Körper kann man im 9. Kapitel seines ersten Korintherbriefs nachlesen: «Ich zerschlage meinen Leib und mache ihn mir untertan, damit ich nicht, während ich anderen Heroldsdienste tat, selbst dastehe wie einer, der disqualifiziert wurde.»

Und wenn auch Paulus Schwachstellen hatte? Thekla machte eine kühle Bemerkung: «Wir hätten mit dem Schiff nach Griechenland reisen sollen, mit einem römischen Handelssegler. Aber du hast ja Angst vor Schiffen, und deshalb mussten wir den beschwerlichen Landweg nehmen.»

Ein Apostel Jesu Christi, der von göttlicher Kraft erfüllt ist, kennt keine Angst, oder? Kennt er doch. Paulus stotterte: «Weiβt du, Thekla, nach meinem dritten Schiffbruch, da, da …» Da was? «Da wollte ich lieber auf meine Beine vertrauen.»

Und wer weiβ, ob diese Ziegenhirten friedliche Leute sind …

Sie waren es nicht. Was passierte da auf dem Hügel? Paulus, Silas und Thekla schauten angespannt hin. Timotheus hatte die drei Männer erreicht, stand vor ihnen, sie blieben sitzen. Einer von ihnen schlug mit einem Stock nach Timotheus, auf seine Beine; der sprang zur Seite. Dass ihm ein Schlauch mit Wasser gereicht wurde, sah man nicht. Man sah vielmehr, dass er sich anschickte, wieder zu gehen. Aber kaum hatte er die ersten Schritte getan, da war der Mann, der ihn geschlagen hatte, bei ihm und warf ihn zu Boden. Er beugte sich über ihn und löste von seinem Gürtel den dort befestigten Lederbeutel, schüttelte ihn und hielt ihn triumphierend seinen Gefährten hin.

«Unser gesamtes Geld ist in dem Beutel», stöhnte Silas. Und Thekla sagte: «Du hättest das Geld auf uns alle verteilen sollen, Paulus.»

Paulus, trotzig: «Habe ich aber nicht. Und nun werdet ihr sehen, wie ein Mann Gottes mit solchem Gesindel umgeht. Folgt mir!» Er marschierte los, Richtung Schafhirten; Silas und Thekla marschierten hinter ihm her. Die beiden hätten zu ihm sagen sollen: «Willst du dich etwa mit drei wilden Gesellen anlegen? Jeder einzelne ist dir an Körperkraft überlegen. Du wirst gleich am Boden liegen wie Timotheus.» Und wenn Paulus dennoch losmarschiert wäre, hätten sie zurückbleiben sollen. Sie sagten aber nichts und blieben auch nicht zurück. Sie spürten eine Kraft. Sie spürten etwas Göttliches, das von Paulus ganz und gar Besitz ergriffen hatte.

Jetzt stand *Paulus* vor den drei Gesellen; nicht mehr Timotheus, der Mitarbeiter. Jetzt hatten es diese Spitzbuben mit dem Meister zu tun. Mit einem Apostel Jesu Christi. Immer noch im Sitzen, grinsten sie diesen Apostel frech an. Einer spuckte nach ihm. Derjenige, der Timotheus geschlagen hatte, spielte mit seinem Stock. Und holte dann aus, wollte auch Paulus schlagen. Aber mitten in der Ausholbewegung hielt er inne – als ob ihm plötzlich der Arm gelähmt worden wäre. Verwundert schaute er Paulus an. Der hatte bis jetzt noch nichts gesagt, hatte dem Mann nur fest in die Augen geblickt. Aber jetzt sprach Paulus; seinen Blick wandte er dabei nicht von dem Mann ab: «Ich bin ein Diener des höchsten Gottes. In mir hat sein Geist Wohnung genommen, und dieser Geist ist stärker als alle dämonischen Kräfte. In dir und deinen Kumpanen wohnt das Böse. Aber es hat über mich keine Macht. Ich befehle dir im Namen Jesu Christ, des Sohnes meines Gottes und künftigen Weltenrichters: Hebe meinen Mitarbeiter Timotheus auf, entschuldige dich bei ihm, gib ihm den Beutel mit dem Geld zurück und gib ihm auch zu trinken. Wenn du das alles nicht tust, wird mein Gott auf der Stelle einen Racheengel senden, der dich und deine Kumpanen mit einem feurigen Schwert schlägt.»

Stille.

Betroffenheit bei Silas und Thekla. So hatten sie Paulus noch nie erlebt. So stark nicht. Und sie wussten: die Sache geht gut aus.

Sie *ging* gut aus. Die drei wilden Gesellen hatten entsetzte Gesichter bekommen. Die Anweisungen des Paulus wurden ausgeführt. «Nicht umschauen!», ordnete dieser an, als sich die Gruppe auf dem Rückweg befand. Und zu Timotheus: «Beim nächsten Mal bist du mir gehorsam, verstanden? Du hättest nicht zu diesen Ziegenhirten hingehen sollen, siehst du das jetzt ein?»

Timotheus, kleinlaut: «Ja, ich sehe es ein, Paulus. Verzeih mir.»

Auf jedem neuen Hügel wurde nach dem Halys Ausschau gehalten. Wo blieb er nur? Hatte man sich verlaufen? Würde man mitten in der Steppe übernachten müssen? Man schlief ohnehin auf dem blanken Boden, aber man wollte das wenigstens am Ufer eines Flusses tun. Da hatte man Trinkwasser, da konnte man sich auch waschen. Wenn man in Ortschaften kam, stieβ man manchmal auf Leute, die gegen Bezahlung in ihren Privathäusern Beherbergung und Beköstigung anboten. Aber gemäβ der letzten Wegauskunft, die man erhalten hatte, war bis zum Halys mit keiner Ortschaft mehr zu rechnen. «Und wenn ihr am Halys seid, dann folgt ihm einen Tagesmarsch lang», hatte man Paulus, Silas, Timotheus und Thekla gesagt. «Nach diesem Tagesmarsch biegt ihr nach links ab, nach Westen, dann stoβt ihr einen Tagesmarsch später auf Ankyra. Dort, im Hauptort der Galater, gibt es eine kleine Herberge.»

Eine Herberge. Nicht mehr auf den guten Willen von Privatleuten angewiesen sein. Sich in dieser Herberge einige Tage erholen … Schon der Gedanke an die Herberge gab neue Kraft. Und endlich sah man, in der Abenddämmerung, den Halys. Die letzten Sonnenstrahlen spiegelten sich auf ihm. Am Ufer angekommen, packte man die Nahrungsvorräte aus; es war nur noch wenig: etwas Dörrfleisch, einige Brotfladen, Oliven. Man würde mit diesen Resten sparsam umgehen müssen. Dafür gab es Wasser im Überfluss; noch brauchte man die Schläuche nicht aufzufüllen, das würde man erst tun, wenn man den Halys wieder verlieβ. Schlafen wollte man, wie immer, um ein Feuer herum; das zündete man an, um streunende Hunde abzuschrecken. Die Männer drängten sich im Liegen dicht aneinander, um sich gegenseitig zu wärmen; Thekla blieb allein und zog ihr Gewand fest um sich; glücklicherweise waren jetzt im Sommer die Nächte nicht zu kalt.

Das Grand Mal überfiel Paulus am nächsten Morgen beim Frühstück. Er war aufgestanden und wollte die paar Schritte bis zum Fluss tun, um Wasser zu schöpfen. Da stürzte er, stürzte mit einem lauten Schrei. Er fuchtelte mit den Armen, wollte die Balance halten, aber es riss ihn zu Boden. Er landete auf dem Bauch, wand sich, drehte sich, kam auf den Rücken zu liegen. Erkannte er noch seine Gefährten, die erschrocken herbeigesprungen waren? Er starrte sie an mit leeren Augen. Und dann trat Schaum vor seinen Mund, blutiger Schaum. Im Intimbereich feuchtete sich sein Gewand ein, Harn war abgegangen. Atmete Paulus überhaupt noch? Timotheus beugte sich zu ihm herab und schrie: «Ich spüre keinen Atem mehr, Paulus stirbt! Betet, dass Gott ihn rettet!» «Herr, rette ihn!», flehte Silas. Thekla kniete sich neben Paulus und beobachtete ihn. «Er atmet wieder!», rief sie nach einer Weile.

Und dann begannen die Zuckungen. Nein, Paulus schlug wild um sich, immer noch mit leeren Augen. Man konnte sich ihm nicht nähern, man wäre von seinen Schlägen verletzt worden.

«Was ist mit Paulus?», fragte Thekla Silas und Timotheus. «Habt ihr einen solchen Anfall bei ihm schon einmal erlebt?»

Silas hatte es. Bereits mehrmals. «Es ist seine Krankheit», erklärte er. «Es ist die Krankheit, vor der man ausspuckt, wenn euch das etwas sagt. Hin und wieder überfällt sie ihn, aber er erholt sich immer wieder. Die Anfälle kommen meist in Serien von dreien oder vieren, im Abstand von einigen Tagen. Paulus ist dann für Wochen geschwächt und reiseunfähig. Wir müssen uns mit ihm bis zur Herberge in Ankyra durchschlagen, und wenn wir ihn zu tragen haben.»

Paulus konnte laufen, musste aber gestützt werden. Timotheus links von ihm, Silas rechts von ihm, bei beiden eingehakt, so schleppte er sich voran. Das war kein forsches Marschieren mehr! Paulus – abgehärtet? Davon sah man nichts mehr. Wie fühlt man sich, Paulus, wenn man von seinen Mitarbeitern abhängig ist? Wenn die einen vorwärtsziehen müssen? Und Thekla hat dir den blutigen Schaum aus dem Gesicht gewaschen, hat auch dein bepinkeltes Gewand im Fluss ausgewaschen, hat dich beim Essen gefüttert wie ein Kind.

Paulus, der starke Apostel …

Jetzt: nicht mehr stark; jetzt: von der Krankheit gezeichnet. Warum lässt Gott seinen Apostel so leiden, warum demütigt er ihn so?

Thekla spürte, dass Paulus sich diese Frage stellte. Und plötzlich hatte sie die Antwort. Die kam über sie, die kam nicht aus ihr heraus, die kam von oben. Thekla ordnete eine Pause an. Paulus, kläglich anzuschauen, kauerte am Boden und blickte zu Thekla hoch. Aus deren Mund kamen Worte, die der Lebenseinstellung und der Theologie des Paulus eine neue Ausrichtung geben sollten. «Paulus», sagte sie, «wir haben gestern erlebt, wie du mit göttlicher Autorität den drei üblen Ziegenhirten das Handwerk gelegt hast. Was für ein Auftritt war das! Und weißt du, warum du so stark sein konntest?»

Paulus wusste es nicht. Er schaute Thekla fragend an.

Thekla: «Paulus, du bist stark, weil du schwach bist. Die Krankheit, vor der man ausspuckt, hat dich offenbar schon lange im Griff. Und sie hat bewirkt, dass dein alter Mensch, dein Eigenleben, sehr brüchig geworden ist. Gewiss, es ist immer noch da, dein Eigenleben. Oft viel zu stark da. Aber dann auf einmal ist es weg. Wie gestern, als du zu den Ziegenhirten gingst. Da war nur noch Christus in dir. Er konnte ohne jede Behinderung seitens deines alten Menschen durch dich hindurch wirken. Er wird es auch wieder tun. Du wirst wieder Anfälle bekommen, aber dies wird auch geschehen: Christus wird machtvoll durch dich wirken.»

WENN MAN DIE ROTBUCHE NIE GESEHEN HAT, vermisst man sie auch nicht. Der Immobilienexperte stand in Christa G.s Arbeitszimmer und war von der grünen Front von Bäumen und Büschen begeistert. Christa G. hingegen sah nur die Lücke, wo die Rotbuche gestanden hatte. «Hier arbeiten, hier schreiben, das ist ein Privileg», sagte der Immobilienexperte. «Ich verstehe nicht, warum Sie die Wohnung verkaufen wollen.»

Christa G. versuchte nicht, es dem Mann zu erklären. Sie wollte von ihm eine Auskunft haben, eine einzige: welchen Preis sie für die Wohnung verlangen konnte. Der Mann hatte sich alle Zimmer genau angesehen, die Besichtigung war abgeschlossen. Jetzt wartete Christa G. gespannt auf die Summe, die er nennen würde.

Sie lag 150.000 Franken höher als die Summe, für die Christa G. die Wohnung gekauft hatte.

150.000 Franken Spekulationsgewinn! Die Wohnung gekauft, einige Wochen in ihr gewohnt, dann der Verkauf: und schon ist man 150.000 Franken reicher.

«Auf eine Sache möchte ich Sie allerdings noch hinweisen», sagte der Mann.

Aha, es gab einen Haken.

Ja und nein; eine kleine Beanstandung hatte der Mann. «Lassen Sie das Wohnzimmer neu fliesen», sagte er. «Sie müssen es tun, bevor der erste Kaufinteressent kommt. Die jetzigen Fliesen passen von Farbe und Musterung her nicht in die Wohnung. Und es war ein Pfuscher am Werk, ein Laie: die Fliesen sind ganz schlecht verlegt. Also: ein Unternehmen beauftragen, die alten Fliesen rauszuhauen und neue, schönere zu verlegen. Nur dann werden Sie den genannten Preis erzielen können.»

Die Fliesen wechseln lassen, das war kein Problem. Und wenn dadurch der Spekulationsgewinn ein wenig niedriger ausfiel …

Christa G. bekam den Anruf nicht von der Fliesenlege-Firma, sondern von der Polizei; die war schon eingeschaltet; die war von der Fliesenlege-Firma sofort informiert worden; sofort, als die Arbeiter auf das in Plastikhüllen wohlverwahrte Geld gestoßen waren.

«In Ihrer Eigentumswohnung befanden sich unter den Wohnzimmerfliesen fünf Millionen Schweizer Franken», wurde Christa G. informiert. «Es ist das Geld aus dem Entführungsfall Beatrice F. Der Täter, der ja seine Strafe bereits abgesessen hat, war der Freund der durch einen Verkehrsunfall umgekommenen Vorbesitzerin. Der Mann hat uns inzwischen alles erzählt. Er hatte seinerzeit für das Geld ein ideales Versteck gewählt – den Wohnzimmerboden seiner Freundin. Neue Fliesen auf die Plastikhüllen mit dem Geld, natürlich in Eigenarbeit, und fertig. Der Mann konnte nicht wissen, dass seine Freundin nur noch kurze Zeit zu leben hatte. Und dann waren *Sie* in der Wohnung – der Mann kam nicht mehr an das Geld heran.»

So klärt sich alles auf …

Aber Moment mal, die Pistole, die SIG 9mm.

Der Polizist: «Der Mann brauchte eine Schusswaffe, und er wusste, dass Ihr Ex-Ehemann als Reserveoffizier eine im Keller hatte. Er hätte, sagte er, auch irgendeine andere Pistole genommen, wenn er zu ihr Zugang gehabt hätte.»

Eine Pause entstand. Der Polizist räusperte sich. Dann sagte er: «Ich habe noch eine weitere Information für Sie.»

Jetzt kam bestimmt nicht Gutes. So leitet man keine gute Nachricht ein.

Doch, es kam etwas Gutes. Der Polizist sagte: «Auf die Wiederbeschaffung der fünf Millionen war eine Belohnung von zehn Prozent ausgesetzt. Wir haben uns erkundigt, das Geld bekommen Sie.»

Printed by Books on Demand GmbH, Norderstedt / Germany